Publius Vergilius Maro, Johann Heinrich Jung-Stilling

Virgils Georgicon

Publius Vergilius Maro, Johann Heinrich Jung-Stilling

Virgils Georgicon

ISBN/EAN: 9783742897749

Hergestellt in Europa, USA, Kanada, Australien, Japan

Cover: Foto ©ninafisch / pixelio.de

Manufactured and distributed by brebook publishing software (www.brebook.com)

Publius Vergilius Maro, Johann Heinrich Jung-Stilling

Virgils Georgicon

Vorbericht.

Bei der Menge von Uebersezungen, die bisher von diesem schönen landwirthschaftlichen Gedichte heraus gekommen sind, scheint die Meinige sehr überflüßig zu seyn; indessen hoffe ich doch, man werde ihr auch noch ein Räumchen bei den Sammlungen so vieler, und noch wohl schlechterer Schreibercien vergönnen. Die Veranlassung entstand folgendergestalt: Im Frühling des vorigen Jahrs empfand ich bei einer gewissen Gelegenheit den Schaden, der bei dem Studium der Staatswirthschaft, aus der Vernachläßigung der lateinischen Sprache und der alten Litteratur entsteht, und ich ärgerte mich, daß man so gar die Frage aufwerfen kann; ob wohl die Zeit, die man auf jene Sprache verwendet, nicht verloren sey? Ich entschloß mich daher, die in mein Fach einschlagende alte Schriftsteller vor die Hand zu nehmen, und jeden Sommer einen zu erklären. Ich erwählte mir zuerst **Virgils Georgicon**, und nahm **Martyns** und **Heynes** Ausgaben zu Führern. Während der Zeit, daß ich mich vorbereitete, entdeckte ich, daß auch die besten Uebersezungen nicht fehlerfrei seyen, weil die Uebersezer nicht genugsame Kenntniß der Landwirthschaft gehabt hatten; nun entstand zuerst der Gedanke in mir: Ob ich nicht auch dies schwere Stück Arbeit unternehmen könnte?

Nun hatte ich gerade zu der Zeit auch Garve's vortreffliches Werk über Cicerons Pflichten gelesen, ich war noch begeistert von der Wonne, die ich dabei empfunden hatte, und so erreifte der Vorsaz, **Virgils Georgicon** auf eben diese Art zu behandeln. Ich entschloß mich also auf der Stelle zu diesem, ich dorf fast sagen, verwegenen Unternehmen, und grif zum Werk.

Nun schien es mir aber natürlich zu seyn, wenn ich meine Uebersezung eben so, wie Virgil, in Hexameter verfaßte; ob mir das aber gelingen würde, das war eine andere Frage. Ich hatte noch nie in dieser Versart geschrieben, ob mir gleich ihre Regeln aus Klopstocks und Vossens Abhandlungen ziemlich bekannt waren. Ich wagte es also, und fand zu gleicher Zeit, daß es mir auch nicht sehr schwer fallen würde, wenn ich jeden lateinischen in einen deutschen Hexameter verwandelte, so daß das deutsche Gedicht überall in dem nämlichen Zahlenverhältniß mit dem lateinischen stünde. Auch dieses habe ich ausgeführt, doch war ich noch zu schüchtern, damit ans Licht zu treten. Ich zeigte es zu dem Ende berühmten Dichtern, diese waren durchgehends damit zu frieden, und endlich las ich es auch verflossenen Winter zu Mannheim in unsern Sizungen der deutschen Gesellschaft vor, benuzte die Anmerkungen, die mir darüber gemacht wurden, und nun las ich diesen verflossenen Sommer wieder ein Collegium darüber, und arbeitete alles vollends ins Reine.

Jezt trage ich also kein Bedenken mehr, meinen ganzen Vorsaz auszuführen: zuerst soll diese meine Uebersezung nebst gegenüber stehendem lateinischen

Text erscheinen; dann werde ich nach Garve's Vorgang, ökonomisch-philosophische Abhandlungen darüber schreiben, und sie im Verfolg, so wie es meine eingeschränkte Zeit erlaubt, auch herausgeben. Darum habe ich auch nirgend Noten beigefügt, weil alle Bemerkungen und Erklärungen schwerer Stellen in jenen Abhandlungen ihren Plaz finden werden. So viel von der Veranlassung; nun auch noch ein und anderes von meiner Uebersezung.

Was ihre Richtigkeit betrift, so glaube ich, daß mir Martyn und Heyne gültige Gewährsmänner seyn werden, und in denen Stellen, wo ich von ihnen abgehe, glaube ich meine Rechtfertigung im Text, in der Natur der Sache, und in dem Gang der Landwirthschaft der Römer zu finden. Ich wünschte also sehr, daß vernünftige Critiker in ihren Recensionen ihre Urtheile so lang zurück hielten, bis ich mich im Verfolg darüber erklärt habe, dann aber stehet es ihnen frei, mich mit der gehörigen Liebe und Bescheidenheit zurecht zu weisen.

Am allerfurchtsamsten bin ich aber in Ansehung meines Hexameters: und ich sehe schon, wie mancher rüstiger Recensent die Feder spizt, um mir wohlweislich zu bedeuten, ich hätte in dem Fall also den Hexameter nicht gebrauchen sollen. Freund! das weiß ich selbst; aber Dichter, die Stimme im Publikum haben, sagten mir, meine Versifikation sey gut, und bei genauerer Prüfung fand ich, daß Klopstock, Denis und Voß oft so gut wie ich, Antibacchen für Dactylen, und kurze für lange Sylben gebraucht haben, wenn es der Nachdruck der Rede, oder sonst eine gültige Ursache so erheischten.

Die Grundregel, wornach ich mich in meinem Versbau gerichtet habe, besteht in folgenden Säzen: der Sprachkenner prüfe und berichtige sie, wenn sie fehlerhaft sind.

1. Es giebt eine Menge Sylben, die schlechterdings lang sind, und niemals, in keinem Fall, als kurz gebraucht werden können. Beispiele kann ich nicht geben, aber sie entdecken sich gleich durch Mißklang, so bald als sie kurz ausgesprochen werden.

2. Noch eine viel grösere Menge Sylben hat man die zweifelhaft sind, und nur ihren wahren Werth erst durch ihre Stellung zwischen andern, oder durch

den Nachdruck der Rede, der auf sie fällt, erhalten. Dieser Werth ist aber nichts weniger als willkührlich, denn die Sprachlehre und Redekunst bestimmen ihn genau. Z. B. das Wörtchen saß, er saß, kann je nach seiner Stellung gegen andere Wörter lang oder kurz seyn; als:

> Nah' am alten Gemäuer saß Philidor unter
> dem Schatten
> Saß und dachte sein Schicksal 2c.

Hier ist die Sylbe saß in der ersten Zeile kurz, in der zweiten lang, und beides durch ihre Stellung.

Eben so kann auch der Nachdruck der Rede eine zweifelhafte Sylbe lang oder kurz machen. Z. B.

> Grose Pales auch dich, und dich ruhmwürdiger Schäfer

Hier ist die Sylbe dich unstreitig lang; aber in der folgenden Zeile kurz:

> Laß dich ein leeres Gespenst nicht täuschen, u. s. w.

3. Giebt es auch Sylben, die durchaus willkührlich sind, so daß sie auch ohne Stellung und Nachdruck lang oder kurz seyn können, wie z. B. das Wörtchen und. Doch machen diese die Scan-

sion schwer, und man muß sie so sehr bestimmen und beschränken, als möglich ist, weil sonst der Hexameter ins Prosaische fällt.

Endlich 4. giebt es auch durchaus kurze Sylben, die in keinem Fall lang seyn können.

Alle diese Quantitäten aber haben im Deutschen, so wie es mir vorkommt, nicht ihre Ursache in ihren Consonanten und Vokalen, sondern allein in der Aussprache und im Sprachgebrauch: wenigstens sind diese beiden der richtigste Wegweiser, so lange unsere Sprache noch lebend ist; ist sie aber einmal bloß eine gelehrte oder todte Sprache, dann mögen die Alterthumsforscher die Prosodie durch Sprachregeln festsezen. Weiter weiß ich nichts zu erinnern, denn lange Vorreden sind meine Sache nicht.

Heidelberg den 26. September
1786.

der Verfasser.

VIRGILII
GEORGICON

LIBER I.

ARGUMENTUM.

Continet hic liber propositionem totius operis, ejusque divisionem quadruplicem. Tum sequitur Deorum invocatio, quotquot rusticae praesident rei, quos inter Octaviano Caesari locus tribuitur: novo sane illis temporibus adulationis exemplo; quo deinde Lucanus in Pharsalia, & Statius in Thebaide, ad laudem Neronis & Domitiani immodestius abusi sunt. Atque haec exordio comprehenduntur. Liber vero ipse sex habet partes. I. Multiplicem agri colendi rationem, juxta variam ejus naturam. II. Agriculturae originem. III. Agricolarum instrumenta. IV. Rusticorum operum tempora. V. Tempestatum prognostica. VI. Digressionem ad varia prodigia, quae caedem Julii Caesaris, aut praecesserunt, aut subsecuta sunt. Denique, Epilogi loco, Deos pro incolumitate Octaviani, & pro salute populi Romani precatur. Tamen ex iis, aliorumque librorum praeceptis, non pauca obsolevere, contrario usu posteriorum temporum, nostrorum in primis, quae multa, ut artibus ceteris, ita huic quoque addidere.

Virgils Georgicon

I. Buch.

Inhalt des ersten Gesangs.

Zuerst wird der summarische Inhalt des ganzen Gedichts, nach seiner vierfachen Eintheilung angezeigt. Dann folgt die Anrufung aller Gottheiten, die der Landwirthschaft vorgesezt waren, wo auch der Kaiser Augustus einen Plaz bekommt; dies war zu jenen Zeiten eine neue Erfindung der Hofschmeichelei, in welcher hernach Lucanus in seinen Pharsalien, und Statius in den Thebaiden in Absicht auf den Nero und den Domitian noch eckelhafter gewesen sind. So weit geht der Eingang dieses Gesangs, welcher in sechs Theilen besteht: Der erste enthält die verschiedene Arten das Land zu bauen, je nach Beschaffenheit seines Bodens; der zweite den Ursprung des Ackerbaues; der dritte die Ackerwerkzeuge; der vierte die Jahreszeiten, in welchen die Arbeiten geschehen müssen; der fünfte die Vorzeichen der künftigen Witterung, und der sechste eine beiläufige Erzählung der Wunderzeichen, die der Ermordung des Cäsars vorhergegangen oder nachgefolgt sind. Zum Beschluß ruft der Dichter die Götter um Segen und Gedeien für den August, und um Glück für das römische Volk an. Von diesen, so wie von den Lehren anderer Werke aber, ist vieles aus der Uebung gekommen, indem die Mode folgender und besonders unserer Zeiten, so wie bei andern Künsten vieles geändert und besser berichtiget hat.

Quid faciat laetas segetes, quo sidere terram
Vertere, Maecenas, ulmisque adjungere vites
Conveniat: quae cura boum, qui cultus habendo
Sit pecori, apibus quanta experientia parcis,
5 Hinc canere incipiam. Vos, o clarissima mundi
Lumina, labentem caelo quae ducitis annum,
Liber, & alma Ceres; vestro si munere tellus
Chaoniam pingui glandem mutavit arista,
Poculaque inventis Acheloia miscuit uvis:
10 Et vos, agrestum praesentia numina, Fauni,
Ferte simul Faunique pedem Dryadesque puellae:
Munera vestra cano. Tuque o, cui prima frementem
Fudit equum, magno tellus percussa tridenti,
Neptune: & cultor nemorum, cui pinguia Ceae
15 Ter centum nivei tondent dumeta juvenci:
Ipse nemus linquens patrium saltusque Lycaei,
Pan ovium custos, tua si tibi Maenala curae,
Adsis o Tegeaee favens, oleaeque Minerva
Inventrix, uncique puer monstrator aratri,
20 Et teneram ab radice ferens, Silvane, cupressum:
Diique Deaeque omnes, studium quibus arva tueri,
Quique novas alitis non ullo semine fruges:
Quique satis largum caelo demittitis imbrem.
Tuque adeo, quem mox quae sint habitura Deorum
25 Concilia, incertum est, urbisue invisere, Caesar,
Terrarumque velis curam: & te maximus orbis
Auctorem frugum tempestatumque potentem
Accipiat, cingens materna tempora myrto:

Virgils Georgicon. I. Buch.

Lieblicher Saaten Erzielung, und unter welchem Gestirne
Aecker zu pflügen, Reben mit Ulmen zu paaren gedeie:
Welche Sorgfalt das Rindvieh, welche Wirthschaft die Heerden,
Welche grose Erfahrung die sparsamen Bienen erheischen,
Dies, Maezen, besing' ich. Ihr des Weltkreises hellste   5
Lichter, die ihr das schwindende Jahr am Himmel einherführt,
Bacchus, allgnugsame Ceres, wenn durch euer Walten die Erde
Jene chaonische Eicheln mit mastigen Aehren vertauschte,
Auch acheloischen Trank mit erfundenem Traubensaft mischte:
Dann auch ihr den Landleuten nahe Gottheiten, Faune,   10
Kommt mir zugleich zu Hülfe, Faune, Mädchen Dryaden:
Eure Geschenke besing ich. Und du dem die Urwelt ein wildes
Roß empor stieß, als du sie mit mächtigem Dreizack durchbohrtest,
Neptun: — Pfleger der Haine, dem das fette Gesträuche
Ceens drei mal hundert schneeweise Jarren beweiden: 15
Laß auch du die Haine der Väter, die Forsten Lycäens,
Pan du Wächter der Schaafe, wenn du deine Mänalen schäzest
O Tegäer so sei mir günstig. Minerva des Oelbaums
Stifterin, Jüngling auch du des krummen Pflugs-Unterrichter,
Du Silvan der du trägst die entwurzelte schlanke Cipresse: 20
Götter und Göttinnen alle, geschäftig die Fluren zu schüzen,
Die ihr neue Früchte ganz ohne Saamen erzeuget:
Die ihr den Saaten fruchtbare Regen vom Himmel herab schickt.
Dann auch du, o Cäsar! welcher Götterversammlung
Mitglied du seyn wirst, ist noch ungewiß, ob du den Städten   25
Vorstehn, oder Länder regieren willst, und dich der ganze
Weite Erdkreis als mächtigen Herrscher der Früchte und Wittrung
Haben, dir die Schläfe mit Muttermyrten wird kränzen;

An Deus immensi venias maris, ac tua nautae
30 Numina sola colant: tibi serviat ultima Thule:
Teque sibi generum Tethys emat omnibus undis:
Anne novum tardis sidus te mensibus addas,
Qua locus Erigonen inter Chelasque sequentes
Panditur: ipse tibi jam brachia contrahit ardens
35 Scorpios, & caeli justa plus parte relinquit.
Quidquid eris; (nam te nec sperent Tartara regem,
Nec tibi regnandi veniat tam dira cupido:
Quamvis Elysios miretur Graecia campos,
Nec repetita sequi curet Proserpina matrem)
40 Da facilem cursum, atque audacibus adnue coeptis,
Ignarosque viae mecum miseratus agrestes
Ingredere, & votis jam nunc adsuesce vocari.
Vere novo, gelidus canis quum montibus humor
Liquitur, & Zephyro putris se gleba resolvit;
45 Depresso incipiat iam tum mihi taurus aratro
Ingemere, & sulco adtritus splendescere vomer.
Illa seges demum votis respondet avari
Agricolae, bis quae solem, bis frigora sensit:
Illius immensae ruperunt horrea messes.
50 At prius ignotum ferro quam scindimus aequor,
Ventos, & varium caeli praediscere morem
Cura sit, ac patrios cultusque habitusque locorum:
Et quid quaeque ferat regio, & quid quaeque recuset.
Hic segetes, illic veniunt felicius uvae:
55 Arborei foetus alibi, atque injussa virescunt
Gramina. Nonne vides, croceos ut Tmolus odores,
India mittit ebur, molles sua thura Sabaei?

Virgils Georgicon. I. Buch. 15

Ob als des Oceans Gott du einher gehst, und deiner Gottheit
Einzig der Schiffmann feire, dir biene das äuserste Thule. 30
Ob dich Thetys zum Eidam mit allen Wellen erkaufe:
Ob du als neues Gestirne den langsamen Monden dich beifügst,
Da wo zwischen der Jungfrau und folgenden Scheeren noch Raum ist.
Selbst der glühende Scorpion zieht schon die Arme für dich ein
Und er verläßt einen grösern Theil des Himmels als Noth ist. 35
Was du auch seyn wirst; (nur daß dich die Hölle zum König nicht wähle,
Eine so grausame Sucht zu herrschen dich nicht überkomme:
Obschon elysische Felder Griechenland anstaunt, der Mutter
Ihre verlangte Proserpina nicht begehret zu folgen).
Gieb du mir leichteren Schwung, begünst'ge das kühne Beginnen, 40
Mit mir erbarm dich des Landmanns, dem sein Weg nicht bekannt ist
Hilf uns, gewöhn dich schon jezt, daß man in Gelübden dich anruf.

Wenn im jungen Lenz, von Schneebergen eiskalte Nässe
Abriselt, und im West die morsche Scholle sich auflöst;
Dann schon beginn mir der Stier am tiefgerichteten Pfluge 45
Aechzend zu ziehn, die Pflugschaar glitzre von schleifender Furche.
Jenes Land entspricht erst den Wünschen des gierigen Bauern,
Welches zweimal die Sonne und zweimal die Kälte bewürkt hat:
Sein überschwenglicher Seegen zersprengte wohl ehe die Scheuern.
Aber eh man fremdes Feld mit der Pflugschaar zerfurchet, 50
Soll man die Winde, der wechselnden Wittrung Gewohnheiten kennen,
Vaterländische Wirthschaft, der Oerter gewohnten Gewerbgäng:
Was eine Gegend erziele und nicht erziele erforschen.
Hier gedeiht Getreide, und dort glückt besser der Weinbau:
Anderwärts Baumgeburten, und freiwillig grünende Gräser. 55
Siehst du nicht wie der Tmolus Safrangerüche verbreitet,
Indien Helfenbein, welche Sabäer den Weihrauch versenden?

At Chalybes nudi ferrum, virosaque Pontus
Castorea, Eliadum palmas Epiros equarum?
60 Continuo has leges, aeternaque foedera certis
Imposuit natura locis, quo tempore primum
Deucalion vacuum lapides jactavit in orbem:
Unde homines nati, durum genus. Ergo age, terrae
Pingue solum primis extemplo a mensibus anni
65 Fortes invortant tauri, glebasque jacentes
Pulverulenta coquat maturis solibus aestas.
At si non fuerit tellus foecunda, sub ipsum
Arcturum tenui sat erit suspendere sulco:
Illic, officiant laetis ne frugibus herbae:
70 Hic, sterilem exiguus ne deserat humor arenam.
Alternis idem tonsas cessare novales,
Et segnem patiere situ durescere campum;
Aut ibi flava seres, mutato sidere, farra,
Unde prius laetum siliqua quassante legumen,
75 Aut tenues foetus viciae, tristisque lupini
Sustuleris fragiles calamos, silvamque sonantem.
Urit enim lini campum seges, urit avenae:
Urunt Lethaeo perfusa papavera somno.
Sed tamen alternis facilis labor: arida tantum
80 Ne saturare fimo pingui pudeat sola; neve
Effoetos cinerem immundum jactare per agros.
Sic quoque mutatis requiescunt foetibus arva,
Nec nulla interea est inaratae gratia terrae.
Saepe etiam steriles incendere profuit agros,
85 Atque levem stipulam crepitantibus urere flammis;
Sive inde occultas vires, & pabula terrae

Nakte Thalyber Eisen schaffen, der Pontus erzeuget
Stinkenden Bibergeyl, Palmen Elischer Stuten Epirus?
Gleich im Anfang hat die Natur dies Gesez, und das stäte 60
Bündniß gewissen Oertern gegeben, zur Zeit schon als ehmals
Deucalion die Steine der öden Erdfläche hinwarf,
Die zu Menschen erreisten, ein hartes Geschlecht. Darum wacker
Fetten Grund sollen flugs in den ersten Monden des Jahtes
Nervichte Stiere umkehrn, daß die ruhende Schollen 65
Mit den kräftigsten Stralen der staubichte Sommer bewürke.
Wär' indessen die Erde nicht fruchtbar, so wird es genug seyn,
Sie in des Arcturs Aufgang mit seichter Furche zu lüften:
Dort, damit nicht das Unkraut die lächelnden Früchte verdränge:
Hier, nicht der wenige Saft dem dürren Sande entweiche. 70
Leyd' auch daß die geerndete Brachen einmal ums andre
Ruhen, damit sich der kärgliche Boden befestigen könne.
Oder säe, im anderen Jahrgang, goldnes Getreyde,
Wo du vorher aus berstenden Schoten liebliche Bohnen,
Oder die dünnen Geburten der Wicken, des herben Lupinus 75
Brüchige Halme, ein rauschend Gewäld' hinweg hast getragen.
Flachssaat saugt das Land aus, der Hafer entzieht ihm die Nahrung;
Magsaamen schwanger mit tödlichem Schlaf veröbet es gleichfalls.
Doch erleichtert der Wechsel mit Frucht die Arbeit: den dürren
Boden scheue dich nicht mit Dünger zu speisen; nicht minder 80
Ausgetragene Aecker mit schmuziger Asch' zu bestreuen.
So erholen sich auch die Felder durch Wechseln mit Früchten.
Dennoch ruht viel Seegen auf ungepflügtem Boden,
Oefters wars auch ersprieslich den kargen Boden zu sengen,
Und die leichten Stoppeln mit knisternden Flammen zu brennen: 85
Dadurch erlangen die Aecker entweder heimliche Kräfte,

B

Pinguia concipiunt: sive illis omne per ignem
Excoquitur vitium, atque exsudat inutilis humor:
Seu plures calor ille vias & caeca relaxat
90 Spiramenta, novas veniat qua succus in herbas;
Seu durat magis, & venas adstringit hiantes:
Ne tenues pluviae, rapidive potentia solis
Acrior, aut Boreae penetrabile frigus adurat.
Multum adeo, rastris glebas qui frangit inertes,
95 Vimineasque trahit crates, juvat arva: neque illum
Flava Ceres alto nequicquam spectat Olympo;
Et qui, proscisso quae suscitat aequore terga,
Rursus in obliquum verso perrumpit aratro,
Exercetque frequens tellurem, atque imperat arvis.
100 Humida solstitia atque hiemes orate serenas,
Agricolae: hiberno laetissima pulvere farra,
Laetus ager: nullo tantum se Mysia cultu
Jactat, & ipsa suas mirantur Gargara messes.
Quid dicam, jacto qui semine cominus arva
105 Insequitur, cumulosque ruit male pinguis arenae?
Deinde satis fluvium inducit, riuosque sequentes?
Et, quum exustus ager morientibus aestuat herbis,
Ecce supercilio clivosi tramitis undam
Elicit: illa cadens raucum per levia murmur
110 Saxa ciet, scatebrisque arentia temperat arva.
Quid, qui, ne gravidis procumbat culmus aristis,
Luxuriem segetum tenera depascit in herba,
Quum primum sulcos aequant sata? quique paludis
Collectum humorem bibula deducit arena?
115 Praesertim incertis si mensibus amnis abundans

Oder fette Nahrung: oder durchs Feuer wird ihnen
Jedes Gebrechen ausgekocht, schädliche Säfte verdünsten.
Oder die Hize eröfnet mehrere Wege, verstopfte
Dunstlöcher, wo der Saft in die neuen Pflanzen hinauf steigt: 90
Oder sie stärkt vielmehr, und verengert die gaffende Hölchen:
Daß der Staubregen, oder die schärfere Würkung der grellen
Sonne, oder des Nordwinds schneidender Frost sie nicht kränke.
Der nüzt den Fluren viel, der die kraftlosen Schollen mit Karsten
Mürb macht, Ruthengeflechte über sie herzieht: auf ihn schaut   95
Nicht vergebens die goldene Ceres vom hohen Olympus;
Dann auch auf den, deß nach aufgerissenem Felde die Rücken,
Die er erregte, mit quergerichtetem Pflug wieder durchbricht,
Fleißig die zeugende Erde übt, und Fluren gebietet.
Landleute, betet um feuchte Sommer und heitere Winter: 100
Denn ein staubichter Winter veranlaßt die herrlichste Mehlfrucht,
Lachende Aecker. Mysien rühmt sich nicht solchen Feldflors,
Gargara selbst kann seine Eruden so nicht bewundern.
Wie besing ich den, der nach hingestreuten Saamen
Schleunig ins Feld eilt, die Hügel des mageren Sandes zerstäubet? 105
Saaten fließendes Wasser herbeiführt, und folgsame Bächlein?
Wenn der verdorrete Acker mit sterbenden Pflanzen verschmachtet,
Siehe, so lockt er vom Gipfel die Welle des steigenden Holwegs:
Diese stürzt dann mit rauhem Gemurmel ans kießigte Steinfeld,
So erquickt er mit rieselnder Quell' die versengte Fluren.   110
Oder damit nicht der Halm den wichtigen Aehren erliege,
Den der üppiger Saaten zarte Sprossen beweidet,
Wenn sie zuerst die Höhe der Furchen erreichen? des Sumpfes
Angelaufenes Naß in trinkende Sandflöchen abführt?
Wenn vorzüglich schwellende Flüsse in wechselnder Jahrszeit   115

B 2

Exit, & obducto láte tenet omnia limo:
Unde cavae tepido sudant humore lacunae.
  Nec tamen (haec quum sint hominumque boumque labo:es
Versando terram experti) nihil improbus anser,
120 Strymoniaeque grues, & amaris intuba fibris,
Officiunt, aut umbra nocet. Pater ipse colendi
Haud facilem esse viam voluit, primusque per artem
Movit agros, curis acuens mortalia corda:
Nec torpere gravi passus sua regna veterno.
125 Ante Jovem nulli subigebant arva coloni:
Nec signare quidem, aut partiri limite campum
Fas erat: in medium quaerebant: ipsaque tellus
Omnia liberius, nullo poscente, ferebat.
Ille malum virus serpentibus addidit atris,
130 Praedarique lupos jussit, pontumque moveri:
Mellaque decussit foliis, ignemque removit,
Et passim rivis currentia vina repressit:
Ut varias usus meditando extunderet artes
Paullatim, & sulcis frumenti quaereret herbam:
135 Ut silicis venis abstrusum excuderet ignem.
  Tunc alnos primum fluvii sensere cavatas:
Navita tum stellis numeros & nomina fecit,
Pleiadas, Hyadas, claramque Lycaonis Arcton.
Tum laqueis captare feras, & fallere visco,
140 Inventum & magnos canibus circumdare saltus.
Atque alius latum funda jam verberat amnem,
Alta petens: pelagoque alius trahit humida lina.
Tum ferri rigor, atque argutae lamina serrae:
(Nam primi cuneis scindebant fissile lignum)

Austretten, weit und breit die Fläche mit Schlamm überzießen:
So daß tiefere Lachen ihr laulichtes Waßer verdünsten.
Doch aber (sind gleich diese der Menschen und Ochsen Geschäfte
In dem Feldbau bewährt) verderben die schädlichen Gänse,
Strymonsche Kraniche, nebst dem Wegwart mit bitteren Fasern, 120
Vieles, auch der Schatten ist schädlich. Allvater selbsten
Wollte den Gang der Wirthschaft nicht leicht, er pflügte am ersten
Aecker durch Kunst, mit Sorgen spannt er die sterbliche Nerven:
Seine Reiche sollten in träger Schlafsucht nicht schlummern.
Vor dem Jupiter war noch kein Landmann der Fluren Eroberer: 125
Noch wars nicht üblich, weder mit Gränzen das Feld zu bezeichnen,
Noch zu theilen: man lebte gemeinschaftlich: selbsten die Erde
Truge, ohne daß jemand es forderte, alles freiwillig.
Er aber füllte die schwarze Schlangen mit schädlichem Giste,
Wölfen befahl er den Raub, befahl dem Meer die Empörung: 130
Auch den Blättern entriß er den Honig, das Feuer verbarg er,
Allenthalben hieß er die rieselnde Weinbäch' versiegen:
Forschend sollte die Uebung allmälig so vielerlei Künste
Ausfindig machen, in Furchen die Pflanzen der Kornfrüchte suchen:
Aus des Kiesels Hölchen verborgenes Feuer erzwingen. 135
Damals berührten zum erstenmal hole Erlen die Flüße:
Namen und Zahl der Sterne bestimmte damals der Schiffmann,
Als der Plejaden, Hyaden, des funkelnden Arcton Lycaons.
Wildpret mit Stricken zu fangen, mit Vogelleim Vögel zu täuschen,
Wurd' erfunden, um grose Forsten Hunde zu kreisen. 140
Jener schlug schon den breiten Strom mit dem Wurfnez, und suchte
Tiefen: ein anderer zog durchs Meer das naße Geflechte.
Eisen zu härten erfand man, das Platt der kreischenden Säge:
(Sonst ward rißig Gehölze blos mit Keilen gespalten)

145 Tum variae venere artes. Labor omnia vincit
Improbus, & duris urgens in rebus egestas.
Prima Ceres ferro mortales vertere terram
Instituit: quum jam glandes atque arbuta sacrae
Deficerent silvae, & victum Dodona negaret.
150 Mox & frumentis labor additus: ut mala culmos
Esset robigo, segnisque horreret in arvis
Carduus; intereunt segetes: subit aspera silva,
Lappaeque, tribulique: interque nitentia culta
Infelix lolium & steriles dominantur avenae.
155 Quod nisi & adsiduis terram insectabere rastris,
Et sonitu terrebis aves, & ruris opaci
Falce premes umbras, votisque vocaveris imbrem:
Heu, magnum alterius frustra spectabis acervum,
Concussaque famem in silvis solabere quercu.
160 Dicendum, & quae sint duris agrestibus arma,
Queis sine nec potuere seri, nec surgere messes:
Vomis, & inflexi primum grave robur aratri,
Tardaque Eleusinae matris volventia plaustra,
Tribulaque, traheaeque, & iniquo pondere rastri:
165 Virgea praeterea Celei vilisque supellex,
Arbuteae crates, & mystica vannus Jacchi;
Omnia quae multo ante memor provisa repones;
Si te digna manet diuini gloria ruris.
Continuo in silvis magna vi flexa domatur
170 In burim, & curvi formam accipit ulmus aratri:
Huic a stirpe pedes temo protentus in octo;
Binae aures, duplici aptantur dentalia dorso.
Caeditur & tilia ante jugo levis, altaque fagus,

Vielerlei Künste entstanden, undankbare Arbeit besiegte 145
Jede Beschwerde, und dringende Nothdurft den schwierigsten Zustand.
Erst unterwieß die Sterblichen Ceres mit Eisen die Erde
Umzukehr'n, als schon die Eicheln und Waldobst dem heilgen
Hayn zu mangeln begonnten, Dodona die Nahrung versagte.
Bald kam der Kummer auch zum Fruchtbau: die Halme verzehrte 150
Schädlicher Brand, und die träge Distel starrte im Felde.
Saaten giengen zu Grund, es nahmen stachlichte Wälder,
Kletten und Dornen den Platz ein: Zwischen dem glänzenden Fruchtbau
Herrschte das schädliche Tollkorn mit wildem Hafergewächse.
Wirst du mit emsigen Karsten die Erde nicht öfters besuchen, 155
Und mit Klatschen die Vögel scheuchen, des düsteren Feldes
Schatten mit Sicheln auslichten, gelobend dir Regen erbitten:
Ach, dann bestaunst du vergebens den grosen Schober des Nachbarn:
Eichen im Walde geschüttelt werden den Hunger dir stillen.

Nun erzähl' ich der abgehärteten Landleute Werkzeug, 160
Unentbehrlich zum Säen, und zum Gedeien der Ernde:
Erst den Pflugschaar, das starke Gehölz des gebogenen Pfluges,
Dann der Eleusischen Mutter langsam sich wälzende Wagen,
Dreschwagen, Schlitten und Karste von unbeholfener Schwere:
Dann des Celeus aus Ruthen geflochtenen wohlfeilen Hausrath, 165
Flechten von Hagdorn, des Jacchus mystische Wanne. Dies alles
Must du bedächtig lange vorher, und sorgsam bewahren;
Wenn dir die Herrlichkeit göttlicher Fluren nicht zu gering ist.
Anhaltend zwänge im Wald mit Kraft die gebogene Ulme
Daß sie zum Sterz, zum krummen Pflug die Richtung erhalte: 170
Acht Schuh dehnt sich der Grindel vom Sterz in die Länge: zwei Ohren
Nebst der Sohle, werden am zwiefachen Rüken befestigt.
Haue lange vorher die leichte Linde zum Joche,

Stivaque, quae currus a tergo torqueat imos;
175 Et suspensa focis explorat robora fumus.
Possum multa tibi veterum praecepta referre;
Ni refugis, tenuesque piget cognoscere curas.
Area cum primis ingenti aequanda cylindro,
Et vertenda manu, & creta solidanda tenaci:
180 Ne subeant herbae, neu pulvere victa fatiscat;
Tum variae illudunt pestes: saepe exiguus mus
Sub terris posuitque domos, atque horrea fecit:
Aut oculis capti fodere cubilia talpae;
Inventusque cavis bufo, & quae plurima terrae
185 Monstra ferunt: populatque ingentem farris acervum
Curculio, atque inopi metuens formica senectae.
Contemplator item, quum se nux plurima silvis
Induet in florem, & ramos curvabit olentes;
Si superant foetus, pariter frumenta sequentur;
190 Magnaque cum magno veniet tritura calore.
At si luxuria foliorum exuberat umbra,
Nequicquam pingues palea teret area culmos.
Semina vidi equidem multos medicare ferentes,
Et nitro prius, & nigra perfundere amurca,
195 Grandior ut foetus siliquis fallacibus esset,
Et, quamvis igni exiguo properata maderent,
Vidi lecta diu, & multo spectata labore,
Degenerare tamen: ni vis humana quot annis
Maxima quaeque manu legeret: sic omnia fatis
200 In pejus ruere, ac retro sublapsa referri.
Non aliter, quam qui adverso vix flumine lembum
Remigiis subigit, si brachia forte remisit,

Hohe Buchen zum Schaft den Vorpflug von hinten zu lenken:
Und der Rauch vom Heerde durchdringe das hängende Holzwerk. 175
Viele Ackerbauregeln der Alten kann ich erzählen;
Wenn du mir Stand hältst, kleine Geschäfte zu lernen nicht scheuest.
Erstlich ebne die Tenne mit mächtiger Walze, bewürf' sie
Mit der Hand, mit zäher Kreide wird sie verdichtet:
Daß nicht Unkraut entstehe, oder zu staubicht sie werde; 180
Sonsten täuscht dich mancherlei Plage: Oft hat die kleine
Maus sich unter der Erden Häuser und Scheuern bereitet:
Oder der blinde Maulwurf sich ein Lager gegraben:
Kröten fand man in Hölen, und mehrere scheußliche Thiere
Die die Erde ernährt: im mächtigen Vorrath von Körnern 185
Herrscht der Wurm, die armes Alter fürchtende Ameis.

Gieb wohl acht, ob das mehreste Nußobst im Wald mit Blüthe
Sich bekleidet, obs die geruchvollen Aeste wird biegen:
Auf den Reichthum an Nüssen, folgt auch vieles Getreide,
Reiche Dreschtennen werden mit groser Hize sich paaren. 190
Wenn aber üppige Blätter zu sehr beschatten, so wird man
Halme reich an Spreuern vergebens zum dreschen bestimmen.
Viele Säende sah ich zwar die Saamkörner beizen
Sie mit Salpeter, dann mit schwarzer Oelhef' benezen,
Um in täuschenden Hülsen gröfere Körner zu zeugen, 195
Ob man gleich mit feuchter Wärme dem Keimen zu Hülf kam,
Sah ich doch so lang gewählten, und mühsam gepflegten
Saamen entarten: wenn nicht jährlich die menschliche Klugheit
Mit der Hand den größten auslas: so ist das Schicksal,
Alles neigt sich zum Schlimmern, Gesunkenes sinket noch immer. 200
Wie den Schiffer, wenn er sein Schifflein mit mühsamem Rudern
Gegen den Strom treibt, und dann einmal die Hand in den Schoos legt,

Atque illum in praeceps prono rapit alveus amni. '
Praeterea tam sunt Arcturi sidera nobis,
205 Haedorumque dies servandi, & lucidus Anguis,
Quam quibus in patriam ventosa per aequora vectis
Pontus & ostriferi fauces tentantur Abydi.
Libra die somnique pares ubi fecerit horas,
Et medium luci atque umbris jam dividit orbem :
210 Exercete, viri, tauros : ferite hordea campis,
Usque sub extremum brumae intractabilis imbrem.
Nec non & lini segetem, & Cereale papaver,
Tempus humo tegere, & jam dudum incumbere aratris :
Dum sicca tellure licet, dum nubila pendent.]
215 Vere fabis satio : tum te quoque, Medica, putres
Accipiunt sulci, & milio venit annua cura :
Candidus auratis aperit quum cornibus annum
Taurus, & averso cedens Canis occidit astro.
At si triticeam in messem robustaque farra
220 Exercebis humum, solisque instabis aristis ;
Ante tibi Eoae Atlantides abscondantur,
Gnosiaque ardentis decedat stella Coronae,
Debita quam sulcis committas semina, quamque
Invitae properes anni spem credere terrae.
225 Multi ante occasum Maiae coepere : sed illos
Exspectata seges vanis elusit aristis.
Si vero viciamque seres, vilemque faselum ;
Nec Pelusiacae curam aspernabere lentis ;
Haud obscura cadens mittet tibi signa Bootes. '
230 Incipe, & ad medias sementem extende pruinas.
Idcirco certis dimensum partibus orbem

Eilends der Fluß im sinkenden Fluthbett stürzend dahin reißt.
Fleißig müssen wir ferner des Arcturs Sterne, der Böcke
Jahrszeit, und die glänzende Schlange bemerken; genau so 205
Wie auf stürmischem Meer nach Hause reisende Schiffer
Die den Pontus, den muschlichten Schlund des Abydus beschiffen.
Wenn die Waage die Stunden des Schlafens und Arbeitens gleich macht,
Und dem Licht wie dem Schatten die Hälfte des Erdkreises zutheilt,
Dann ihr Männer die Stiere zur Arbeit: um Gerste zu säen 210
Bis zum letzten Regen der kürzesten Tage des Winters.
Dann auch säet man Flachs, den Mohn der Ceres geweihet.
Egt sie unter, und wartet so lange des Pflugs, als die trockne
Erd es erlaubt, bis dunkles Gewölk' den Himmel herabhängt.
Bohnen sezt man im Frühling: Medica gährende Furchen 215
Decken auch dich, der jährliche Bau des Hirsen beginnet:
Wann das Jahr der glänzende Stier mit göldenen Hörnern
Oefnet, der Hund dem kommenden Sternbild weichend entsinket.
Wenn du den Boden zur Waizenernde, zum maßigen Dinkel
Willst bereiten, und bloß auf Aehren dein Augenmerk richtest; 220
Müssen dir ehe am Morgen des Atlas Töchter entfliehen,
Und der Gnosische Stern in der glühenden Krone entweichen,
Eh du die schickliche Saamen den Fuhren hingiebst, und eh du
Eilst die Hofnung des Jahrs der wegernden Erd zu vertrauen.
Vor dem Hingang der Maja begonnen viele: doch täuschten 225
Solche die festgehosten Saaten mit ledigen Aehren.
Säest du aber Wicken, wohlfeile Feigbohnen, oder
Wirst du Pelusischer Linsen-Bau nicht verschmähen, so giebt dir
Nicht verkennbare Zeichen Bootes in seinem verschwinden.
Jezt fang an, und dehne die Saat bis zur Mitte des Winters. 230
Darum regiert den Erdkreiß in dauernde Gürtel getheilet

Per duodena regit mundi sol aureus astra.
Quinque tenent caelum zonae, quarum una coruscæ
Semper sole rubens, & torrida semper ab igne:
235 Quam circum extremae dextra laevaque trahuntur
Caerulea glacie concretae atque imbribus atris.
Has inter mediamque, duae mortalibus aegris
Munere concessae Divum; via secta per ambas,
Obliquus qua se signorum verteret ordo.
240 Mundus ut ad Scythiam Rhiphaeasque arduus arces
Consurgit: premitur Libyae devexus in Austros.
Hic vertex nobis semper sublimis; at illum
Sub pedibus Styx atra videt, Manesque profundi:
Maximus hic flexu sinuoso elabitur anguis
245 Circum, per que duas in morem fluminis Arctos,
Arctos Oceani metuentes aequore tingi.
Illic, ut perhibent, aut intempesta silet nox
Semper, & obtenta densantur nocte tenebrae;
Aut redit a nobis aurora, diemque reducit:
250 Nosque ubi primus equis oriens adflavit anhelis,
Illic sera rubens adcendit lumina Vesper.
Hinc tempestates dubio praediscere caelo
Possumus, hinc messisque diem, tempusque serendi;
Et quando infidum remis impellere marmor
255 Conveniat: quandò armatas deducere classes,
Aut tempestivam silvis evertere pinum.
Nec frustra signorum obitus speculamur & ortus,
Temporibusque parem diversis quatuor annum.
Frigidus agricolam si quando continet imber,
260 Multa, forent quae mox caelo properanda sereno,

Durch zwölf Weltgestirne die goldne Sonne, und fünfe
Jener Gürtel tragen den Himmel, der erste glühet
Stets von blizender Sonne, und dörrt in beständigem Feuer:
Rechts und links umzingeln die äusersten beide den ersten,   235
Starrend von himmelbläulichtem Eiß und sieggfinstern Regen.
Zwischen diesen und jenem sind den gebrechlichen Menschen
Zween von den Göttern geschenkt, und beide beschränken die Strase
Wo in schiefer Richtung der Thierkreiß die Erde umwindet.
Wie die erhabene Welt bis Scythien bis zu Riphäens   240
Gipfeln empor steigt, so senkt sie sich neigend nach Libyen südwärts.
Jener Weltpol ist uns immer erhaben: und diesen
Sehen der schwarze Styx, unterirrdische Manen zu Füssen;
Dort umschlupft die gröseste Schlang in gewundenen Krümmen
Gleich einem Strom die beiden Bären, beide Gestirne   245
Die sich fürchten ins Oceans Fläche unterzutauchen.
Dort, wie man sagt, soll entweder tiefe Mitternacht ewig
Schweigen, in ausgebreiteter Nacht sich das Dunkel verdichten:
Oder Aurora führt im Abzug von hieraus den Tag hin:
Wenn uns der früheste Morgen mit schnaubenden Pferden behaucht hat,
Zündet dort der röthliche Abend ein spätes Licht an.   251
Daher kann man bei unbeständigem Himmel die Wittrung,
Daher den Tag der Ernde, den Zeitpunkt zu säen bestimmen;
Wann das gemarmelte treulose Meer mit Rudern zu peitschen,
Wann zum Auslaufen ausgerüsteter Flotten, zum Fällen   255
Reiser Tannen im Wald' die schicklichste Zeit sei. Nicht fruchtlos
Denken wir nach dem Aufgang und Hingang der himmlischen Zeichen,
Dem im vierfachen Zeitmaaß sich immer ähnlichen Jahre.
  Wenn zu Zeiten schaurichter Regen den Ackermann einschließt
Dann giebts Muse, vieles das sonst bei heiterem Himmel   260

Maturare datur; durum procudit arator
Vomeris obtusi dentem: cavat arbore lintres:
Aut pecori signum, aut numeros impressit acervi..
Exacuunt alii vallos, furcasque bicornes,
265 Atque Amerina parant lentae retinacula viti.
Nunc facilis rubea texatur fiscina virga:
Nunc torrete igni fruges, nunc frangite saxo.
Quippe etiam festis quaedam exercere diebus
Fas & jura sinunt: rivos deducere nulla
270 Relligio vetuit, segeti praetendere saepem,
Insidias avibus moliri, incendere vepres,
Balantumque gregem fluvio mersare salubri.
Saepe oleo tardi costas agitator aselli,
Vilibus aut onerat pomis; lapidemque revertens
275 Incusum, aut atrae massam picis urbe reportat.

Ipsa dies alios alio dedit ordine luna
Felices operum; quintam fuge: pallidus Orcus,
Eumenidesque satae; tum partu Terra nefando
Coeumque Iapetumque creat, saevumque Typhoea,
280 Et conjuratos caelum rescindere fratres.
Ter sunt conati imponere Pelio Ossam
Scilicet, atque Ossae frondosum involvere Olympum:
Ter Pater exstructos disjecit fulmine montes.

Septima post decimam felix, & ponere vitem,
285 Et prensos domitare boves, & licia telae
Addere; nona fugae melior, contraria furtis.

Multa adeo gelida melius se nocte dedere,
Aut quum sole novo terras irrorat Eous.
Nocte leves melius stipulae, nocte arida prata

Sehr übereilt würde, reiflich zu enden. Der Ackermann hämmert
Stumpfer Pflugschaaren Schärfe: Tröge hölt er aus Bäumen:
Zeichnet das Vieh, und bestimmt die Maas des kornreichen Speichers.
Andre spizen Zaunpfähle, nebst zweihörnichten Gabeln,
Oder bereiten Amerische Bande dem rankenden Weinstock. 265
Jezund flechte man leichte Körbe aus brembeernen Ruthen:
Jezund dörret Getreide am Feuer, und mahlt' es mit Steinen.
Auch an festlichen Tagen gewisse Geschäfte zu treiben
Wegern Recht und Billigkeit nicht. Den Bach abzuleiten
Saaten mit Zäunen zu schüzen, verbote die Religion nie, 270
Eben so wenig Vögel zu fangen. Dornen zu brennen,
Blöckende Heerden im heilsamen Bach zu baden, und öfters
Werden die Rippen des trägen Esels vom Treiber mit Oele
Oder mit wohlfeilem Obst belastet, er kehrt mit geschürftem
Mühlstein zurück, auch bringt er wohl schwarzes Pech aus der Stadt mit.
Glückliche Tage zur Arbeit bestimmte in anderer Ordnung 276
Luna selbst. Den fünften meide, er zeugte den blassen
Orcus, die Eumeniden: dann brachte die Erd im verfluchten
Kindbett den Cöus, den Japet, den wilden Typhöus ins Leben,
Und die zum Himmelssturm verschworne Brüder, sie wagtens 280
Dreimal den Ossa dem Pelion aufzuthürmen, ja freilich
Hätten sie gern den belaubten Olymp in den Ossa begraben.
Allvater aber zerwarf den Bergwall mit dreifachem Blize.
Glücklich zum pflanzen des Weinstocks, gefangene Stiere zu zähmen,
Garn zu zetteln, ist der Siebende nach dem Zehnten. 285
Nüzlich zur Flucht, den Dieben gefährlich ist immer der Neunte.
Vieles geräth so gar in kühlen Nächten am besten,
Wenn mit kommender Sonne der Morgen die Erde bethauet.
Leichtes Stroh und dürre Wiesen mäht man zur Nachtzeit

290 Tondentur: noctes lentus non deficit humor.
Et quidam feros hiberni ad luminis ignes
Pervigilat, ferroque faces infpicat acuto.
Interea, longum cantu folata laborem,
Arguto conjux percurrit pectine telas:
295 Aut dulcis mufti Vulcano decoquit humorem,
Et foliis undam trepidi defpumat aheni.
At rubicunda Ceres medio fucciditur aeftu;
Et medio toftas aeftu terit area fruges.
Nudus ara, fere nudus; hiems ignava colono:
300 Frigoribus parto agricolae plerumque fruuntur,
Mutuaque inter fe laeti convivia curant.
Invitat genialis hiems, curasque refolvit:
Ceu preffae quum iam portum tetigere carinae,
Puppibus & laeti nautae impofuere coronas.
305 Sed tamen & quernas glandes tum ftringere tempus,
Et lauri baccas, oleamque, cruentaque myrta.
Tunc gruibus pedicas & retia ponere cervis,
Auritosque fequi lepores: tum figere damas;
Stupea torquentem Balearis verbera fundae,
310 Quum nix alta jacet, glaciem quum flumina trudunt.
Quid tempeftates autumni & fidera dicam?
Atque, ubi jam breviorque dies, & mollior aeftas,
Quae vigilanda viris? Vel quum ruit imbriferum ver:
Spicea jam campis quum meffis inhorruit, & quum
315 Frumenta in viridi ftipula lactentia turgent?
Saepe ego, quum flavis mefforem induceret arvis
Agricola, & fragili jam ftringeret hordea culmo,
Omnia ventorum concurrere praelia vidi:

Füglicher: Denn zur Nachtzeit fehlt steifmachender Thau nicht, 290
Jener wacht beim nächtlichen Feuer des Winterlichts emsig,
Und bereitet mit scharfem Eisen die Spizen der Fakeln.
Unterdessen durchduft die Gattin, die mühsame Arbeit
Durch Gesang versüsend, mit rauschendem Kamm das Gewebe:
Oder sie kocht am Feuer den Saft des lieblichen Mosts ein. 295
Schäumet dann mit Blättern die Welle des zitternden Kessels.
Aber die röthliche Ceres wird in der Hize geerndet,
Recht in der Hize wird das gedörrte Getraide gedroschen.
Pflüg' und säe nackend: der Winter sei Ruhe dem Landmann.
Kälte gewähret den Bauern gewöhnlich den Lohn ihrer Arbeit, 300
Dann bemühn sie sich frölich zum wechselseitigen Gastmahl.
Hiezu lockt der lustige Winter, und tilget die Sorgen:
So wie vollgepackte Schiffe den Hafen erreichend,
Von den frölichen Schiffern am Hintertheil Kränze empfangen.
Aber dann ist die rechte Zeit die Eicheln zu pflücken, 305
Und die Lorbeern, auch die Oliven, und blutige Myrten.
Dann den Kranichen Schlingen, den Hirschen Neze zu stellen,
Langgeöhrte Haasen zu jagen, die Gems an den Boden
Kreisend mit werkener Schnur balearischer Schleudern zu heften,
Wann ein tiefer Schnee liegt, und Flüsse die Eisschollen drängen. 310
Wie besing' ich die Witt'rung des Herbstes und seine Gestirne?
Wenn schon kürzere Tage entstehn, die Hize sich mildert,
Was dann den Männern zu thun sei? auch wenn der regnichte Frühling
Hinfleucht: ährichte Ernden im Felde schon starren, und nun auf
Grünendem Halm das Getraide aufschwellt von saugendem Milchsaft?
Oefters wenn der Bauer den Schnitter ins gelbe Gefilde 316
Schickte, und man die Gerste schon einband mit brüchigen Halmen,
Sah' ich schon alles Gekämpfe zusammenstürzender Winde,

VIRGIL. GEORGICON LIB. I.

Quae gravidam late segetem ab radicibus imis
320 Sublime expulsam eruerent: ita turbine nigro
Ferret hiems culmumque levem, stipulasque volantes.
Saepe etiam immensum caelo venit agmen aquarum,
Et foedam glomerant tempestatem imbribus atris
Collectae ex alto pubes: ruit arduus aether,
325 Et pluvia ingenti sata laeta boumque labores
Diluit: implentur fossae, & cava flumina crescunt
Cum sonitu, fervetque fretis spirantibus aequor.
Ipse pater, media nimborum in nocte, corusca
Fulmina molitur dextra: quo maxima motu
330 Terra tremit: fugere ferae; mortalia corda
Per gentes humilis stravit pavor; ille flagranti
Aut Atho, aut Rhodopen, aut alta Ceraunia telo
Dejicit: ingeminant Austri, & densissimus imber:
Nunc nemora ingenti vento, nunc littora plangunt.
335 Hoc metuens, caeli menses & sidera serva,
Frigida Saturni sese quo stella receptet:
Quos ignis caeli Cyllenius erret in orbes.
In primis venerare Deos, atque annua magnae
Sacra refer Cereri laetis operatus in herbis,
340 Extremae sub casum hiemis, jam vere sereno.
Tunc pingues agni, & tunc molissima vina:
Tunc somni dulces, densaeque in montibus umbrae.
Cuncta tibi Cererem pubes agrestis adoret.
Cui tu lacte favos, & miti dilue Baccho:
345 Terque novas circum felix eat hostia fruges;
Omnis quam chorus, & socii comitentur ovantes;
Et Cererem clamore vocent in tecta: neque ante

Welches weit und breit das schwangre Getraid' mit der Wurzel
Tief ausriß, und empor hob: so führten die Stürme im schwarzen 320
Wirbelwind fliegende Stoppeln und leichtes Stroh in die Höhe.
Oft zieht unermeßlicher Schwall von Gewässer am Himmel;
Hoch sich sammelnde Wolken ballen ein greulich Gewitter
Schwarz von Regen, der hohe Aether stürzt sich hernieder,
Und zerstößt im Wolkenbruch frohe Saaten, der Ochsen   325
Arbeit: die Graben füllen sich, hole Giesbäche wachsen
Rauschend, es siedet das Meer im wilden Wellengebrause.
Allvater selbst im Schoos der Gewitternacht, schwinget mit Stärke
Stralenden Bliz in der Rechten, dessen Hinsturz den ganzen
Weltkreiß erschüttert, das Wild flieht, die sterbliche Herzen der Völker
Stürzt die zagende Angst in den Staub hin, mit flammendem Blizpfeil 131
Schmettert er dort den Athos, den Rhodop, Cerauniens Gipfel:
Südliche Stürme verdoppeln sich, mit dem dichtesten Regen:
Nun erseufzen Haine und Ufer im rasenden Winde.
Dies befürchtend beobacht' des Himmels Gestirne und Monden: 335
Wo sich der kalte Stern des Saturns im Wandeln befinde:
Welche himmlische Bahn das Cyllenische Feuer durchirre.
Erst verehre die Götter, und bringe jährlich Geschenke,
Die du der grosen Ceres opferst auf grünendem Rasen,
Gegen das Ende des Winters, im Anfang des heiteren Frühlings. 340
Dann sind die Lämmer feist, dann sind die Weine geschmeidig:
Dann ist süß der Schlaf, auf Bergen dunkel der Schatten.
Sämtliche Jugend vom Lande bete dann mit dir zur Ceres:
Misch ihr Honig mit Milch und mildem Wein; es umwandle
Dreimal das seegnende Opfer die neuen Früchte, und jauchzend   345
Folge der ganze Chor mit den Freunden, laute Gesänge
Laden die Ceres unter dein Dach ein; ehender seze

Falcem maturis quisquam supponat aristis,
Quam Cereri tortâ redimitus tempora quercu
350 Det motus incompositos, & carmina dicat.

Atque haec ut certis possimus discere signis,
Aestusque, pluviasque, & agentes frigora ventos;
Ipse pater statuit, quid menstrua luna moneret:
Quo signo caderent Austri: quid saepe videntes
355 Agricolae, propius stabulis armenta tenerent.
Continuo ventis surgentibus, aut freta ponti
Incipiunt agitata tumescere, & aridus altis
Montibus audiri fragor: aut resonantia longe
Littora misceri, & nemorum increbrescere murmur.
360 Jam sibi tum curvis male temperat unda carinis,
Quum medio celeres revolant ex aequore mergi,
Clamoremque ferunt ad littora: quumque marinae
In sicco ludunt fulicae: notasque paludes
Deserit, atque altam supra volat ardea nubem.
365 Saepe etiam stellas, vento impendente, videbis
Praecipites caelo labi, noctisque per umbram
Flammarum longos a tergo albescere tractus:
Saepe levem paleam & frondes volitare caducas,
Aut summa nantes in aqua colludere plumas.
370 At Boreae de parte trucis quum fulminat, & quum
Eurique Zephyrique tonat domus; omnia plenis
Rura natant fossis, atque omnis navita ponto
Humida vela legit. Nunquam imprudentibus imber
Obfuit. Aut illum surgentem vallibus imis
375 Aeriae fugere grues: aut bucula caelum
Suspiciens patulis captavit naribus auras:

Keiner die Sichel an reife Halme, bis er sich die Schläfe
Mit geflochtenen Eichen der Ceres zu Liebe bekränzet,
Sie durch kunstlose Tänze, und ländliche Lieder verehrt hat. 350
Daß wir aber aus sichern Zeichen die hizige Witterung,
Regen, und Kälte bringende Winde weissagen können;
Dazu gab Allvater Regeln, was Luna, monathlich rathen,
Unter welchem Zeichen der Südwind fallen: und welches
Oft vom Landmann bemerkt, die Heerden dem Stalle zu nähern 355
Andeuten sollte. Gleich wenn die Winde entstehn, so beginnen
Angereizte Fluthen des Meers entweder zu schwellen,
Rauschend Gepraßel hört man auf hohen Gebirgen, oder
Weit ertönt auch die Brandung dazwischen, das Rauschen des Hains
(wächst!
Dann schon enthält sich nicht mehr die Welle des bauchichten Schiffes 360
Wenn von der Mitte der See der flüchtige Taucher hinwegeilt,
Mit Geschrei das Ufer begehrt: Wenn Vögel des Meeres,
Seehüner auf dem Trokney spielen: der Reyher bekannten
Pfüzen entweicht, und hoch sich über die Wolken hinauf schwingt.
Oefters wirst du auch Sterne, wenn Winde bevorstehn, bemerken, 365
Wie sie vom Himmel sich stürzen, und wie im nächtlichen Schatten
Hinter ihnen der lange Flammenzug weislicht erscheinet.
Oft auch das Flattern leichter Spreu und gefallener Blätter,
Oder über dem Wasser das Scherzen schwimmender Federn.
Wenn aus der Gegend des wütenden Nordwinds blizt, und des Ostwinds
Auch des Westwinds Behälter donnern; so schwimmet das ganze 37I
Feld in gefüllten Graben, und jeder Schiffer des Meeres
Zieht die genezten Seegel schon ein. Die dümmsten betroge
Niemals ein Plazregen: Denn wenn er einbricht, so flieht in die tiefsten
Thäler der Kranich des Himmels: Oder das Kuhkalb schauet 375
Auf gen Himmel, mit offener Nase schnauft es die Luft ein'

C 3

Aut arguta lacus circumvolitavit hirundo:
Et veterem in limo ranae cecinere querelam.
Saepius & tectis penetralibus extulit ova
380 Angustum formica terens iter: & bibit ingens
Arcus: & e pastu decedens agmine magno
Corvorum increpuit densis exercitus alis.
Jam varias pelagi volucres, & quae Asia circum
Dulcibus in stagnis rimantur prata Cayftri,
385 Certatim largos humeris infundere rores;
Nunc caput objectare fretis, nunc currere in undas,
Et studio incassum videas gestire lavandi.
Tum cornix plena pluviam vocat improba voce,
Et sola in sicca secum spatiatur arena.
390 Nec nocturna quidem carpentes pensa puellae
Nescivere hiemem: testa quum ardente viderent
Scintillare oleum, & putres concrescere fungos.
Nec minus ex imbri soles & aperta serena
Prospicere, & certis poteris cognoscere signis:
395 Nam neque tum stellis acies obtusa videtur,
Nec fratris radiis obnoxia surgere Luna;
Tenuia nec lanae per caelum vellera ferri.
Non tepidum ad solem pennas in littore pandunt
Dilectae Thetidi Alcyones: non ore solutos
400 Immundi meminere sues jactare maniplos.
At nebulae magis ima petunt, campoque recumbunt:
Solis & occasum servans de culmine summo
Nequidquam seros exercet noctua cantus.
Adparet liquido sublimis in aëre Nisus,
405 Et pro purpureo poenas dat Scylla capillo.

Oder es fliegt die zirpende Schwalb' im Kreiß auf dem Weiher:
Oder die Frösche singen das alte Klaglied in Pfüzen.
Oft trägt auch die Ameis enge Wege betretend
Eyer aus innerster Wohnung, und Wasser ziehet der grose   380
Bogen; und es entweichen in grosen Haufen vom Mahle
Heere der Raben, es rauscht daher ihr dichtes Gefieder.
Jezt bemerkst du mancherlei Seegeflügel, besonders
Dort in Asien, wo es um des Caysters Gefilde
Süse Pfüzen durchschnäbelt, die Schultern mit reichlicher Nässe   385
Wechselnd begießt; den Kopf oft eintaucht, dann hinläuft ins Wasser,
Gierig zum Kühlen macht es alle Geberden vergeblich.
Auch die freche Krähe ruft Regen mit mächtiger Stimme,
Für sich allein spaziert sie im trocknen Sande. Die Mädchen
Wenn sie zum Feierabend den Rocken zupfen, verkennen   390
Drohende Stürme nicht: wenn sie auf brennender Lampe das Oellicht
Sprazeln sehn, und fauler Schwämme Entstehen bemerken.
Eben so pflegst du nach dem Regen den heiteren Himmel
Vorzusehn, und ihn aus sicheren Zeichen zu kennen.
Dann bemerkt man weder das Funkeln des Sternlichts dunkel;   395
Noch die Luna im Aufgang der Stralen des Bruders bedürftig:
Oder am Himmel das Schweben dünner wolligter Flocken.
Die von der Thetis geliebte Eisvögel breiten am Ufer
Gegen die laue Sonn' ihre Flügel nicht aus: mit dem Rüssel
Aufgerissene Bündel gedenken unflätige Schweine   400
Nicht zu schleudern. Der Nebel senkt sich, und ruhet im Felde:
Auf dem First des Hauses erwartet die Eule der Sonnen
Untergang, sie müht sich zum späten Geheule vergeblich.
Hoch in dünnen Lüften erscheint der erhabene Nisus,
Scylla leidet die Strafe wegen dem Purpurnen Haare: 405

C 4

VIRGIL. GEORGICON LIB. I.

Quacunque illa levem fugiens secat aethera pennis,
Ecce inimicus, atrox, magno stridore per auras
Insequitur Nisus: qua se fert Nisus ad auras,
Illa levem fugiens raptim secat aethera pennis.
410 Tum liquidas corvi presso ter gutture voces,
Aut quater ingeminant; & saepe cubilibus altis,
Nescio qua praeter solitum dulcedine laeti,
Inter se foliis strepitant: juvat imbribus actis
Progeniem parvam dulcesque revisere nidos.
415 Haud equidem credo, quia sit divinitus illis
Ingenium, aut rerum fato prudentia major.
Verum ubi tempestas & caeli mobilis humor
Mutavere vias, & Juppiter uvidus Austris
Denset, erant quae rara modo, &, quae densa, relaxat;
420 Vertuntur species animorum, & pectora motus
Nunc alios, alios, dum nubila ventus agebat,
Concipiunt; hinc ille avium concentus in agris,
Et laetae pecudes, & ovantes gutturae corvi.
Si vero solem ad rapidum lunasque, sequentes
425 Ordine, respicies; nunquam te crastina fallet
Hora, neque insidiis noctis capiere serenae.
Luna revertentes quum primum colligit ignes,
Si nigrum obscuro comprenderit aera cornu,
Maximus agricolis pelagoque parabitur imber.
430 At, si virgineum suffuderit ore ruborem,
Ventus erit: vento semper rubet aurea Phoebe.
Sin ortu quarto (namque is certissimus auctor)
Pura, neque obtusis per caelum cornibus ibit;
Totus & ille dies, & qui nascentur ab illo

Wo ihr flüchtig Gefieder den leichten Aether durchschneidet
Da verfolgt sie Nisus ihr grimmiger Feind, in den Lüften
Rauscht er mächtig einher, und wo er sich wendet in Lüften,
Flieht sie plözlich, mit leichten Schwingen zertheilt sie den Aether.
Drei bis viermal verdoppeln die Raben mit engerer Kehle   410
Helle Stimmen, ich weiß nicht mit welcher Wonn' sie sich freuen,
Mehr als gewöhnlich im hohen Lager; sie rauschen im Laube
Unter einander, es freut sie nach vergangenem Regen
Wieder zu sehn ihr kleines Geschlecht und liebliche Nester.
Doch ich glaub nicht, daß ihnen die Gottheit Scharfsinn gegeben,   415
Oder daß sie tieferen Blick als das Schicksal bekommen:
Sondern wenn die Witt'rung, des Himmels bewegliche Nässe
Ihren Lauf verändert, die Luft von dem Südwind befeuchtet
Dünnes verdichtet, und Dichtes verdünnt, so werden die Bilder
Thierischer Seelen verwechselt, und anders sind jezt die Gefühle,   420
Wiedrum anders wenn der Wind mit Gewölke einher zieht.
Daher rühren die Vögel Concerte draussen im Felde,
Daher fröliche Heerden, das Kehlengejauchze der Raben.
Wenn du die rasche Sonn mit dem Mond, der ihr ordentlich folget
Wirst betrachten, so wird dich niemals der kommende Morgen   425
Nie; als die Tücke heiterer Nächte täuschen. Wenn Luna
Gleich im Anfang wiederkehrendes Feuer sich sammlet,
Dann mit dunklem Horn den schwarzen Luftraum umschließet,
Dann wird dem Meer und dem Landmann der stärkste Regen bereitet.
Wenn sie aber ihr jungfräulich Antliz mit Röthe verschleiert,   430
Dann giebts Wind: Vor ihm erröthet die göldene Phöbe.
Wenn sie im vierten Aufgang (dies ist ein sicheres Zeichen)
Hell ist, und nicht mit stumpfen Hörnern den Himmel durchwandert,
Dann wird der ganze Tag mit allen die er gebähret

E 5

435 Exactum ad mensem, pluvia ventisque carebunt:
Votaque servati solvent in littore nautae
Glauco, & Panopeae, & Inoo Melicertae.
Sol quoque & exoriens, & quum se condet in undas,
Signa dabit: solem certissima signa sequuntur,
440 Et quae mane refert, & quae surgentibus astris.
Ille ubi nascentem maculis variaverit ortum
Conditus in nubem, medioque refugerit orbe;
Suspecti tibi sint imbres: namque urget ab alto
Arboribusque satisque Notus pecorique sinister.
445 Aut ubi sub lucem densa inter nubila sese
Diversi rumpent radii, aut ubi pallida surget
Tithoni croceum linquens aurora cubile;
Heu, male tum mites defendet pampinus uvas:
Tam multa in tectis crepitans salit horrida grande.
450 Hoc etiam, emenso quum jam decedet Olympo,
Profuerit meminisse magis: nam saepe videmus
Ipsius in vultu varios errare colores.
Caeruleus pluviam denuntiat, igneus Euros.
Sin maculae incipient rutilo immiscerier igni,
455 Omnia tunc pariter vento nimbisque videbis
Fervere. Non illa quisquam me nocte per altum
Ire, neque a terra moneat convellere funem.
At si, quum referetque diem, condetque relatum,
Lucidus orbis erit, frustra terrebere nimbis,
460 Et claro silvas cernes Aquilone moveri.
Denique, quid vesper serus vehat, unde serenas
Ventus agat nubes, quid cogitet humidus Auster,
Sol tibi signa dabit. Solem quis dicere falsum

Virgils Georgicon. I. Buch.

Durch den vollen Monath vom Wind und Regen befreit seyn: 435
An dem Ufer erfüllt der erhaltene Schiffer Gelübde,
Die er dem Glaucus, der Panopee, Melizerten und Ino
Weihte. Die Sonn' im Aufgang, und wenn sie in Wellen sich tauchet,
Giebt uns Zeichen; die sicherste Zeichen gewähret die Sonne;
Sie belehrt uns des Morgens und Abends beim Aufgang der Sterne. 440
Wenn sie in Wolken gehüllt, den ersten Hervorschritt mit Flecken
Bunt macht, und mit halbgesehener Scheibe entfliehet;
Dann befürchte Regen; es treibt schon vom Meer her der Bäumen
Saaten und Heerden nicht günstige Südwind. Wenn ferner
Morgens früh zwischen dichtem Gewölke verstreuete Stralen   445
Hie und da sich brechen, oder wenn auch Aurora
Ihr Safranbett dem Tithon zurück läßt, und blaßgelb empor steigt;
Ach so beschüzt das Weinlaub die milden Trauben sehr übel,
Denn auf dem Dach hüpft rauschend und häufig ein zackichter Hagel.
Aber wenn sie nach durchwandertem Himmel schon hinsinkt   450
Dann ists nüzlicher sie zu bemerken: wir sehen dann öfters
Wie auf ihrem Angesicht mancherlei Farben umher ziehn.
Himmelbläue verkündiget Regen, die Feurige, Ostwind:
Wenn die Flecken beginnen mit feurigem Roth sich zu mischen;
Dann wirst du alles zugleich im Winde und Plazregen toben   455
Sehn. Es ermahne mich niemand in solcher Nacht auf dem Meere
Reisen zu wagen, oder am Ufer das Schiffseil lösen.
Aber wenn die Scheibe im Kommen und Scheiden des Tages
Heiter erscheint, so befürchtest du Stürme vergeblich, hingegen
Wirst du sehn, wie der helle Nordwind die Wälder beweget.   460
Endlich zeigt dir die Sonne des späten Abends Gefolge,
Wo der Wind das helle Gewölf' hertreibt, was der nasse
Südwind vorhat: Wer wird die Sonne der Falschheit bezeihen?

Audeat? Ille etiam caecos inftare tumultus
465 Saepe monet, fraudemque & operta tumefcere bella.
Ille etiam exftincto miferatus Caefare Romam,
Quum caput obfcura nitidum ferrugine texit,
Impiaque aeternam timuerunt fecula noctem.
Tempore quamquam illo tellus quoque, & aequora ponti,
470 Obfcaenique canes, importunaeque volucres
Signa dabant. Quoties Cyclopum effervere in agros
Vidimus undantem ruptis fornacibus Aetnam,
Flammarumque globos, liquefactaque volvere faxa!
Armorum fonitum toto Germania caelo
475 Audiit: infolitis tremuerunt motibus Alpes.
Vox quoque per lucos vulgo exaudita filentes
Ingens: & fimulacra modis pallentia miris
Vifa fub obfcurum noctis: pecudesque locutae,
Infandum! fiftunt amnes, terraeque dehifcunt,
480 Et moeftum illacrimat templis ebur aeraque fudant.
Proluit infano contorquens vortice filvas
Fluviorum rex Eridanus, camposque per omnes
Cum ftabulis armenta tulit ; nec tempore eodem
Triftibus aut extis fibrae adparere minaces,
485 Aut puteis manare cruor ceffavit: & altae
Per noctem refonare, lupis ululantibus, urbes:
Non alias caelo ceciderunt plura fereno
Fulgura: nec diri toties arfere cometae.
Ergo inter fefe paribus concurrere telis
490 Romanas acies iterum videre Philippi:
Nec fuit indignum fuperis, bis fanguine noftro
Emathiam & latos Haemi pinguefcere campos.

Sie hat öfters geheimer Empörung entstehen, der Arglist,
Und der verborgenen Kriege wachsendes Schnellen geweissagt. 465
Sie betrauerte Rom, als nach dem Morde des Cäsars
Sie ihr glänzendes Haupt mit rostigem Dunkel bedeckte,
Und die verruchte Welt für ewiger Finsterniß bebte.
Obgleich auch zu der Zeit die Erde, die Fläche des Meeres,
Vorbedeutendes Hundegeheul, und unholde Vögel 470
Vorzeichen gaben. Wie oftmals sahn wir den wallenden Aetna
Ueberkochen aus berstenden Oefen, und Kugeln von Flammen,
Schmelzende Steinmassen auf der Cyclopen Felder sich wälzen!
Deutschland hörte am ganzen Himmel Waffengerassel,
Und mit ungewohnter Erschütterung bebten die Alpen. 475
In den schweigenden Wäldern hörte man greuliche Stimmen,
Blasse Gespenster von seltsamer Gattung wurden gesehen
In dem Dunkel der Nacht, die Thiere sprachen, es ware
Greulich und schrecklich, die Flüsse starrten, die Erde zerborste:
Traurendes Helfenbein weinte in Tempeln, es schwitzten Metalle. 480
Wälder spülte in wilden Wirbeln sich drehend der Flüsse
Fürst Eridanus hinweg, er führte durch alle Gefilde
Mit den Ställen das Vieh dahin: in eben den Zeiten
Drohten beständig die Fasern im unglücksvollen Gedärme;
Auch die Brunnen hörten nicht auf sich mit Blut zu ergiesen; 485
Hoch erschollen die Städte des Nachts von heulenden Wölfen.
Niemals fielen sonst aus heiterem Himmel so viele
Blize, niemals brannten so häufig bange Cometen.
Darum sah auch Philippi abermals römische Heere,
Wie sie mit gleichen Waffen in Bürgerschlachten sich mischten: 490
Und die Götter scheuten sich nicht mit unserem Blute
Zweimal Emathien, die weiten Gefilde des Hämus zu düngen.

Scilicet & tempus veniet, quum finibus illis
Agricola, incurvo terram molitus aratro,
495 Exesa inveniet scabra robigine pila;
Aut gravibus rastris galeas pulsabit inanes,
Grandiaque effossis mirabitur ossa sepulcris.
Di patrii Indigetes, & Romule, Vestaque mater,
Quae Tuscum Tiberim, & Romana palatia servas,
500 Hunc saltem everso juvenem succurrere saeclo
Ne prohibete ; satis jam pridem sanguine nostro
Laomedonteae luimus perjuria Trojae.
Jam pridem nobis coeli te regia, Caesar,
Invidet, atque hominum queritur curare triumphos.
505 Quippe ubi fas versum atque nefas : tot bella per orbem
Tam multae scelerum facies : non ullus aratro
Dignus honos : squalent abductis arva colonis,
Et curvae rigidum falces conflantur in ensem.
Hinc movet Euphrates, illinc Germania bellum :
510 Vicinae ruptis inter se legibus urbes
Arma ferunt : saevit toto Mars impius orbe.
Ut, quum carceribus sese effudere quadrigae,
Addunt in spatia, & frustra retinacula tendens
Fertur equis auriga, neque audit currus habenas.

Ja es wird eine Zeit seyn, wo in dortiger Gegend,
Wenn der Landmann mit krummem Pfluge die Erde zerfurchet,
Er vom Rost zerfreßne Wurfspieße finden; mit schweren   495
Karsten auf leere Sturmhauben stoßen wird, und die großen
Aus den Gräbern gewühlte Knochen wird er bestaunen.
Götter der Heimath, Halbgötter, Romulus, Mutter Vesta,
Die du die Thuscische Tiber und Roms Pallaste bewahrest,
Hindert den Jüngling wenigstens nicht, dem verwüsteten Staate 500
Hülfe zu leisten. Den Meineid der Laomedontischen Troja
Büßen wir ja schon lange genug mit unserem Blute.
Dich o Cäsar misgönnt uns vorlängst schon der himmlische Hofstaat,
Und er beklagt, daß du dich um Menschentriumphe bekümmerst,
Wo doch Recht und Unrecht wechselt: so häufige Kriege   505
Durch den Weltkreiß: so viele Gestalten von Schandthaten herrschen:
Hin ist die Ehre des Pflugs: die Fluren trauern, der Landmann
Wird entführt, die krummen Sicheln werden zu starren
Schwertern geschmiedet. Von daher erregt der Euphrat, von dorther
Deutschland den Krieg: benachbarte Städte ergreifen die Waffen 510
Nach gebrochnen Verträgen: der frevelnde Mavors durchwütet
Alle Welt. Wie Vierspänner, wenn sie den Schranken entstürzen
Ueber die Laufbahn toben, der Fuhrmann, indem er die Zäume
Anhält, fortgeschleppt wird, und der Wagen die Zügel nicht achtet.

VIRGILII GEORGICON

LIBER II.

ARGUMENTUM.

Habet hic liber de plantatione partes septem. I. Modos omnes producendarum arborum, tam ex natura, quam ex arte. II. Varias earum species, & quo singulae modo tractandae sint, naturali, an artificioso. III. Quibus singulae locis felicius proveniant: ubi excurritur in laudes Italici soli. IV. Artem discernendae naturae cujusque soli. V. Culturam vitis. VI. Culturam oleae, & aliarum aliquot arborum. VII. Epilogum de vitae rusticae felicitate.

Virgils Georgicon

II. Buch.

Inhalt des zweiten Gesangs.

Dieser Gesang von der Baumzucht besteht in sieben Theilen. Der erste zeigt alle natürliche und künstliche Arten an, die Bäume zu erzielen. Der zweite lehrt ihre verschiedene Gattungen, und wie jede sowohl natürlich als künstlich behandelt werden müsse. Der dritte unterrichtet uns, an welchen Orten eine jede Art am besten fortkomme: wobei der Dichter in ein Lob des italienischen Bodens ausbricht. Der vierte giebt die Kunst an, jede Erdart zu kennen. Der fünfte handelt vom Weinbau. Der sechste vom Oelbau und andern Bäumen, und der siebende schließt mit dem Lob der Glückseligkeit des Landlebens.

VIRGIL. GEORGICON LIB. II.

Hactenus arvorum cultus, & sidera caeli:
Nunc te, Bacche, canam, nec non silvestria tecum
Virgulta, & prolem tarde crescentis olivae:
Huc, pater o Lenaee, (tuis hic omnia plena
5 Muneribus: tibi pampineo gravidus autumno
Floret ager, spumat plenis vindemia labris)
Huc, pater o Lenaee, veni, nudataque musto
Tinge novo mecum dereptis crura cothurnis.
Principio arboribus varia est natura creandis:
10 Namque aliae, nullis hominum cogentibus, ipsae
Sponte sua veniunt, camposque & flumina late
Curva tenent: ut molle siler, lentaeque genistae,
Populus, & glauca canentia fronde salicta.
Pars autem posito surgunt de semine: ut altae
15 Castaneae, nemorumque Jovi quae maxima frondet
Aesculus, atque habitae Grajis oracula quercus.
Pullulat ab radice aliis densissima silva:
Ut cerasis, ulmisque: etiam Parnassia laurus
Parva sub ingenti matris se subjicit umbra.
20 Hos natura modos primum dedit: his genus omne
Silvarum fruticumque viret, nemorumque sacrorum.
Sunt alii, quos ipse via sibi reperit usus.
Hic plantas tenero abscindens de corpore matrum
Deposuit sulcis: hic stirpes obruit arvo,
25 Quadrifidasque sudes, & acuto robore vallos:
Silvarumque aliae pressos propaginis arcus
Exspectant, & viva sua plantaria terra.
Nil radicis egent aliae: summumque putator

Ich besang der Fluren Wirthschaft, des Himmels Gestirne;
Nun besing ich auch dich o Bacchus, und mit dir des Waldes
Strauchwerk, und des langsam wachsenden Oelbaums Geschlechte.
Hier o Vater Lenäus, hier ist allwaltende Fülle
Deiner Geschenke: es blühn dir von rebenlaubichtem Herbste 5
Schwangere Aecker, die Weinlese schäumt dir in vollen Gefässen.
Vater Lenäus komm her, und tunke die nackenden Schenkel
Nach gelöstem Cothurn mit mir in geerndeten Most ein.
Ursprünglich ist die Natur verschieden im Schaffen der Bäume:
Einige pflanzen sich selbst freiwillig, ohne der Menschen 10
Zuthun fort, und bewohnen Felder und schlängelnde Flüsse;
Als die weiche Bachweide, schlanker Genster, die Pappel
Und das graulechte Weidengesträuche mit bläulichten Blättern.
Andre entstehn aus gefallenen Saamen; die hohe Castanie,
Dann der Aesculus, welcher im Walde dem Jovi das größte 15
Laub trägt, und der Griechen gewohntes Orakel die Eichen.
Wieder andern entsproßt der Wurzel ein dichtes Gewälde;
Als dem Kirschbaum, den Ulmen: so auch des parnaßischen Lorbeers
Sprößling schmiegt sich gleichfalls im mächtigen Schatten der Mutter.
Ursprünglich wies die Natur diese Wege: es grünete durch sie 20
Jedes Geschlecht der Wälder, der Stauden, der heiligen Haine.
Andre Arten erfand der Gebrauch durch den Weg der Erfahrung.
Wenn der eine den Sezling vom zarten Körper der Mutter
Abspleißt, Fuhren vertraut: sezt jener Stämme und Stecken
Vierfach gespalten, auch zugespizte Pfähle ins Feld hin: 25
Andre Pflanzen des Waldes erwarten die niedergedrückten
Bogen der Ableger, Zweige lebend in eigener Erde.
Andre bedürfen nicht Wurzeln; der Gärtner bieget des Baumes

Haud dubitat terrae referens mandare cacumen.
30 Quin & caudicibus sectis (mirabile dictu)
Truditur e sicco radix oleagina ligno.
Et saepe alterius ramos impune videmus
Vertere in alterius: mutatamque insita mala
Ferre pirum, & prunis lapidosa rubescere corna.
35 Quare agite o, proprios generatim discite cultus,
Agricolae, fructusque feros mollite colendo:
Neu segnes jaceant terrae. Juvat Ismara Baccho
Conserere, atque olea magnum vestire Taburnum.
Tuque ades, inceptumque una decurre laborem,
40 O decus, ò famae merito pars maxima nostrae,
Maecenas, pelagoque volans da vela patenti.
Non ego cuncta meis amplecti versibus opto:
Non, mihi si linguae centum sint, oraque centum,
Ferrea vox: ades, & primi lege littoris oram.
45 In manibus terrae: non hic te carmine ficto,
Atque per ambages & longa exorsa tenebo.
Sponte sua quae se tollunt in luminis oras,
Infoecunda quidem, sed laeta & fortia surgunt.
Quippe solo natura subest: tamen haec quoque siquis
50 Inserat, aut scrobibus mandet mutata subactis,
Exuerint silvestrem animum: cultuque frequenti
In quascunque voces artes haud tarda sequentur.
Nec non & sterilis, quae stirpibus exit ab imis,
Hoc faciet, vacuos si sit digesta per agros:
55 Nunc altae frondes, & rami matris opacant,
Crescentique adimunt foetus, uruntque ferentem.
Jam, quae seminibus jactis se sustulit arbos

Gipfel, und trägt kein Bedenken denselben der Erd zu vertrauen.
Wunderbar ist es, wenn man den Oelbaum in Stücke zerschneidet 30
Daß dann trocknes Holz noch fähig ist Wurzeln zu treiben.
Oefters sehn wir die Aeste des einen schadlos sich wandeln
In die Aeste des andern, und den veränderten Birnbaum
Propfäpfel tragen, steinigten Cornel auf Pflaumen sich röthen.
Drum wohlan ihr Landleute, lernet jedes Geschlechtes 35
Eigne Behandlung, die wilde Baumfrucht verbessert durch Kunstfleiß,
daß der Boden nicht öd liege. Nützlich pflanzt man den Bacchus
Auf den Ismar, den grosen Taburn besezt man mit Oele.
Sei auch du gegenwärtig, begleit' die begonnene Arbeit,
Du o Zierd' und billig der gröste Theil meines Ruhmes, 40
O Mäzenas, seegle mit mir auf offenem Meere.
Ich begehr nicht alles in mein Gedichte zu fassen.
Hätt' ich auch hundert Zungen und Münd, eine eiserne Stimme.
Stehe mir bei, und seegle in der Nähe des Ufers:
Stets mit dem Lande beschäftigt: ich will dich mit falschem Gedichte, 45
Oder mit Umschweifen, oder mit langer Vorreb' nicht täuschen.
Bäume, die ganz ohne Kunst zur Gränze des Lichts sich erheben,
Sind zwar weniger fruchtbar, doch steigen sie froher und stärker:
Denn ihr Stand ist natürlich, und doch, wenn auch sie jemand pfrepfet,
Oder sie ferner in wohlbereitete Löcher verpflanzet, 50
Dann verliern sie die wilde Natur: burch fleißige Wartung
Folgen sie schleunig jedem Kunststück, zu dem du sie aufrufst.
Auch die fruchtlose Lohde, den untersten Stämmen entsprossen
Leistet das nemliche, wenn sie ins freie Gefilde verpflanzt wird.
Jezt beschattet sie hohes Gebüsche, die Zweige der Mutter, 55
Beide entziehn ihr im Wachsthum die Früchte, und trägt sie, dieSäfte.
Aber wenn ein Baum aus gestreuetem Saamen empor steigt,

Tarda venit, seris factura nepotibus umbram:
Pomaque degenerant succos oblita priores:
60 Et turpes avibus praedam fert uva racemos.
Scilicet omnibus est labor impendendus; & omnes
Cogendae in sulcum, ac multa mercede domandae.
Sed truncis oleae melius, propagine vites
Respondent, solido Paphiae de robore myrtus.
65 Plantis & durae coryli nascuntur, & ingens
Fraxinus, Herculeaeque arbos umbrosa coronae,
Chaoniique patris glandes: etiam ardua palma
Nascitur, & casus abies visura marinos.
Inseritur vero & foetu nucis arbutus horrida:
70 Et steriles platani malos gessere valentes:
Castaneae fagus, ornusque incanuit albo
Flore pyri, glandemque sues fregere sub ulmis.
Nec modus inserere atque oculos imponere simplex.
Nam qua se medio trudunt de cortice gemmae,
75 Et tenues rumpunt tunicas, angustus in ipso
Fit nodo sinus: huc aliena ex arbore germen
Includunt, udoque docent inolescere libro.
Aut rursum enodes trunci resecantur, & alte
Finditur in solidum cuneis via: deinde feraces
80 Plantae immittuntur: nec longum tempus, & ingens
Exiit ad caelum ramis felicibus arbos,
Miraturque novas frondes, & non sua poma.
Praeterea genus haud unum, nec fortibus ulmis,
Nec salici, lotoque, nec Idaeis cyparissis.
85 Nec pingues unam in faciem nascuntur olivae,
Orchades, & radii, & amara pausia bacca,

Dann wächst er langsam, späte Enkel wird er beschatten.
Seine Früchte entarten, die ersten Säfte verliern sie:
Weinstöcke zeugeu nur sauere Trauben den Vögeln zur Beute.   60
Darum muß man auf alle Bäume Mühe verwenden,
Alle in Gruben verpflanzen, mit vielen Kosten bezähmen.
Oelbäume wachsen am liebsten aus Stammstücken, Reben gedeihen
Wohl durch Ableger, paphische Myrthen aus Stämmlingen besser.
Wurzelsprossen erzeugen die harte Haselnuß, Eschen   65
Mächtig von Wuchs, den schattichten Baum der Herkulischen Krone,
Eicheln des Chaonschen Vaters: auch die erhabene Palme
Wird so erzeugt, die Seegefahren erwartende Tanne.
Stachlichten Hagdorn kann man mit Reisern von Nußbäumen pfropfen
Stattliche Aepfelbäum' truge der fruchtlose Platanus öfters: 70
Buchen nährt die Kastanie, die Esche erbleicht von des Birnbaums
Blüthe, Schweine zerknacken die Eicheln im Schatten der Ulmen.
Einfach ist nicht die Kunst zu pfropfen, und Augen zu sezen.
Da wo sich ein Knospe aus mittlerer Rinde hervordrängt
Dünne Häutchen durchbricht, da macht man mitten im Knoten   75
Einen engen Spalt: und schließt des fremden Baumes
Keim dort ein, und lehrt ihn im feuchten Veste bekleiben.
Oder man stuzt auch wohl den Stamm ohne Knospen, und spaltet
Mit einem Keil im festen Holze den Standpunkt; und sezt dann
Fruchtbare Pfropfreiser hin: es dauert nicht lange, so steiget   80
Mächtig der Baum mit wuchsigen Aesten dem Himmel entgegen,
Und er bewundert sein fremdes Obst, und neues Gebüsche.
Jener sind die Geschlechter nicht einfach, weder der starken
Ulmen, der Weiden, des Lotus, noch der Cupresse vom Ida:
Auch die feisten Oliven haben nicht einerlei Bildung.   85
Radien giebts, Orchiten, und bittre Pausische Beeren:

D 4

Pomaque, & Alcinoi filvae: nec furculus idem
Cruftumiis Syriisque pyris, gravibusque volemis.
Non eadem arboribus pendet vindemia noftris,
90 Quam Methymnaeo carpit de palmite Lesbos.
Sunt Thafiae vites, funt & Mareotides albae:
Pinguibus hae terris habiles, levioribus illae.
Et paffo Pfythia utilior, tenuisque Lageos,
Tentatura pedes olim, vinâuraque linguam:
95 Purpureae, preciaeque: & quo te carmine dicam,
Rhaetica? nec cellis ideo contende Falernis.
Sunt etiam Amineae vites, firmiffima vina:
Tmolius adfurgit quibus, & rex ipfo Phanaeus,
Argitisque minor: cui non certaverit ulla,
100 Aut tantum fluere, aut totidem durare per annos.
Non ego te, Dis & menfis accepta fecundis,
Tranfierim, Rhodia, & tumidis, Bumafte, racemis.
Sed neque quam multae fpecies, nec nomina quae fint,
Eft numerus: neque enim numero comprendere referr:
105 Quem qui fcire velit, Libyci velit aequoris idem
Difcere quam multae Zephyro turbentur arenae:
Aut, ubi navigiis violentior incidit Eurus,
Noffe, quot Jonii veniant ad littora fluâus.
  Nec vero terrae ferre omnes omnia poffunt.
110 Fluminibus falices; craffisque paludibus alni
Nafcuntur: fteriles faxofis montibus orni:
Littora myrtetis laetiffima: denique apertos
Bacchus amat colles, Aquilonem & frigora taxi.
Adfpice & extremis domitum cultoribus orbem,
115 Eoasque domos Arabum, piâosque Gelonos.

Virgils Georgicon. II. Buch.

Aepfel, des Alcinous Gewälde: Crustumien, Birne
Syriens, schwere Volemen, haben nicht einerlei Sprossen.
Auch nicht die nämlichen Trauben hangen an unsern Stöcken,
Die man auf Lesbos bricht von Methymnäischen Reben. 90
Man hat Thasische Weine, weise erzeugt Mareotis:
Diese lieben den schweren Boden, den leichteren jene.
Strohwein giebt die Psythische Traube am besten, der feine
Hasenwein wird dir die Füse einst prüfen, die Zunge dir lähmen.
Purpurne Trauben und Precien giebt es, wie soll ich besingen 95
Dich o Rhätische Traube? doch weich den Salernischen Kellern.
Ammineische Stöck' erzeugen dauernde Weine:
Denen der Tmolier, selbst der Phanäische König die Ehr giebt,
Dann die kleine Argitis: mit welcher sich keine vergleichet,
Weder in Menge des Saftes, noch in längerer Dauer. 100
Dich o Rhodische Traube den Göttern, dem Nachtisch so willkomm,
Darf ich nicht übergehn, dich nicht geschwollne Bumaste.
Aber weder die vielen Namen noch Arten sind zählbar,
Sie auch in Zahlen zu fassen würde der Mühe nicht werth seyn:
Wer sie zu wissen verlangt, der wünscht zu erfahren, wie vielen 105
Sand der Westwind in Libyens ebener Wüste hinauf stäubt:
Oder wenn ein stürmischer Ostwind die Fahrzeuge anfällt,
Wie viel Jonische Wellen die ländlichen Küsten hinan ziehn.
   Aber nicht jede Erdart ist fähig alles zu tragen.
Weiden wachsen an Bächen, und Erlen in steifen Morästen: 110
Fruchtlose Eschen auf Felsengebirgen: vom Myrtengebüsche
Grünen und blühen die Ufer: und endlich liebet der Bacchus
Ofne Hügel, der Taxbaum gedeiht in Nordwind und Kälte.
Schau den Erdkreis auch von den entferntesten Bauern bezwungen,
Oestliche Hütten Arabiens, bunte Geloner. Du findest 115

Divisae arboribus patriae. Sola India nigrum,
Fert ebenum: solis est tures virga Sabaeis.
Quid tibi odorato referam sudantia ligno
Balsamaque, & baccas semper frondentis acanthi?
120 Quid nemora Aethiopum, molli canentia lana?
Velleraque ut foliis depectant tenuia Seres?
Aut quos Oceano proprior gerit India lucos,
Extremi sinus orbis? ubi aera vincere summum
Arboris haud ullae jactu potuere sagittae.
125 Et gens illa quidem sumptis non tarda pharetris.
Media fert tristes succos, tardumque saporem
Felicis mali; quo non praesentius ullum,
Pocula siquando saevae infecere novercae,
Miscueruntque herbas, & non innoxia verba,
130 Auxilium venit, ac membris agit atra venena.
Ipsa ingens arbos, faciemque simillima lauro;
Et, si non alium late jactaret odorem,
Laurus erat; folia haud ullis labentia ventis:
Flos ad prima tenax, animas & olentia Medi
135 Ora fovent illo, & senibus medicantur anhelis.
Sed neque Medorum silvae, ditissima terra,
Nec pulcher Ganges, atque auro turbidus Hermus,
Laudibus Italiae certent: non Bactra, neque Indi,
Totaque turiferis Panchaja pinguis arenis.
140 Haec loca non tauri spirantes naribus ignem
Invertere, satis immanis dentibus hydri;
Nec galeis densisque virum seges horruit hastis:
Sed gravidae fruges, & Bacchi Massicus humor
Implevere: tenent oleae armentaque laeta.

Jedes Land an Bäumen verschieden: nur Indien träget
Schwarzes Ebenholz: Saba allein das Weihrauchgebüsche.
Wie soll ich dir den Balsam aus Holz voll Wohlgeruch schwizend,
Wie die Beeren des immer grünen Acanthus, die Haine
Mohrenlands, wie sie von zarter Wolle weiß sind, besingen? 120
Wie die Serer ein zartes Gewebe von Baumblättern kämmen?
Welches Gewälde des Oceans Nachbar Indien träget,
In des Erdkreises äuserstertstem Winkel? wo niemals ein Flitschpfeil
Irgend die lüstige Höh' eines Baums im Wurf überstiegen:
Obgleich jenes Volk im Gebrauch des Köchers nicht träg ist. 125
Medien zeugt den herben Saft, den dauernden Nachschmack
Heilsamer Aepfel, denen kein Mittel an schnellerer Hülfe
Gleich ist, wenn wütende Stiefmütter irgend die Becher vergiften,
Und dieselben mit Kräutern und Zaubergemurmel vermischen,
Dann treibt jener Saft das schwarze Gift aus den Gliedern. 130
Auch der Baum ist groß, vollkommen ähnlich dem Lorbeer:
Dünstete er nicht weit um sich her einen andern Geruch auch
Dann wär ers selbst: von keinem Winde entfalln ihm die Blätter:
Fest sizt die Blüthe: mit ihr verbessern die Meder den Odem
Auch den riechenden Mund, und heilen keichende Greise. 135

   Aber weder der Meder Gewälde, das reichste Gefilde,
Weder der schöne Ganges, noch der goldtrübe Hermus
Schmälern Italiens Ruhm: nicht Bactra und Indien, auch nicht
Ganz Panchaja reich an Weihrauch tragendem Sande,
Niemals pflügten Ochsen mit feuerschnaubenden Nasen 140
Diese Oerter, gesäete Zähne des scheußlichen Drachen,
Männer Helm' und dichte Lanzensaat starrten hier niemals:
Sondern schwangre Früchte, des Bacchus masische Säfte
Füllten sie an; sie enthalten Oel, und fröliche Heerden.

145 Hinc bellator equus campo fefe arduus infert:
Hinc albi, Clitumne, greges, & maxima taurus
Victima, faepe tuo perfufi flumine facro,
Romanos ad templa Deum duxere triumphos.
Hic ver adfiduum, atque alienis menfibus aeftas:
150 Bis gravidae pecudes, bis pomis utilis arbos.
At rabidae tigres abfunt, & faeva leonum
Semina; nec miferos fallunt aconita legentes;
Nec rapit immenfos orbes per humum, neque tanto
Squameus in fpiram tractu fe colligit anguis.
155 Adde tot egregias urbes, operumque, laborem,
Tot congefta manu praeruptis oppida faxis,
Fluminaque antiquos fubterlabentia muros.
An mare, quod fupra, memorem, quodque alluit infra,
Anne lacus tantos? te, Lari maxime, teque
160 Fluctibus & fremitu adfurgens, Benace, marino?
An memorem portus, Lucrinoque addita clauftra:
Atque indignatum magnis ftridoribus aequor,
Julia qua ponto longe fonat unda refufo,
Tyrrhenusque fretis immittitur aeftus Avernis?
165   Haec eadem argenti rivos aerisque metalla
Oftendit venis, atque auro plurima fluxit.
Haec genus acre virum Marfos, pubemque Sabellam,
Adfuetumque malo Ligurem, Volcosque verutos
Extulit: haec Decios, Marios, magnosque Camillos,
170 Scipiadas duros bello: & te, maxime Caefar,
Qui nunc extremis Afiae jam victor in oris
Imbellem avertis Romanis arcibus Indum.
Salve, magna parens frugum, Saturnia tellus;

Hier erhebt sich das hehre Streitroß von hinnen ins Lager. 145
Hier Clitumnus begleiten weise Heerden, das gröste
Opfer, der Stier, zum öftern begossen mit deinen geweihten
Fluthen, Triumphe der Römer, bis in die Tempel der Götter.
Hier ist ewiger Lenz, ungewöhnliche Monden sind Sommer:
Zweimal tragen die Heerden, und zweimal der nüzliche Obstbaum. 150
Reissende Tiger, der Löwen wildes Geschlechte sind ferne:
Eisenhütlein täuscht nicht den mitleidswürdigen Kräutler:
Nicht so weit kreisend schlupft die schuppichte Schlang auf dem Boden,
Nicht in so grossem Umfang formt sie ein Schneckengewinde.
Ses so viel herrliche Städte hinzu, und die mühsamen Werke: 155
So viele Vesten auf schrofe Felsen mit Händen gethürmet;
*) Dann die Flüsse die auf uraltem Gemäuer dahin ziehn.
Soll ich des Meers, wie's oben und unten bespület, gedenken?
Auch der grösten Seen? grösser Larius deiner?
Deiner Benacus, tobend mit Wellen = und Meeresgebrause? 160
Soll ich die Häfen beschreiben, des Lucrins Dämme, des Meeres
Fläche zürnend in wildem Gebrause, wo Julische Wellen
Weit ertönen im Rückzug des Meeres, Tyrrhenens
Ungestümm eindringt, durch des Avernus enge Gewässer?
Eben dies Land enthüllte in Klüften Bäche von Silber, 165
Kupfererze, und floß von groser Menge des Goldes.
Marser ein scharfes Geschlecht, die Sabellische reisende Mannschaft,
Arbeit gewohnte Ligurer, Volsker mit Spiesen bewafnet
Bracht es hervor: die Decier, Marier, die grosen Camille,
Scipionen eisern im Krieg: dich gröseften Cäsar, 170
Der du jezt schon als Sieger, an Asiens äussersten Gränzen,
Von den römischen Vesten entwafnete Indier abhältst.
Heil dir grose Mutter der Früchte, saturnische Erde,

*) Subter heißt über im 298sten Vers des 3ten Gesangs.

Magna virum: tibi res antiquae laudis & artis
175 Ingredior, sanctos ausus recludere fontes,
Ascraeumque cano Romana per oppida carmen.
Nunc locus arvorum ingeniis: quae robora cuique,
Quis color, & quae sit rebus natura ferendis.
Difficiles primum terrae, collesque maligni,
180 Tenuis ubi argilla, & dumosis calculus arvis,
Palladia gaudent silva vivacis olivae.
Indicio est, tractu surgens oleaster eodem
Plurimus, & strati baccis silvestribus agri.
At quae pinguis humus, dulcique uligine laeta,
185 Quique frequens herbis & fertilis ubere campus,
Qualem saepe cava montis convalle solemus
Despicere: huc summis liquuntur rupibus amnes,
Felicemque trahunt limum: quique editus Austro,
Et filicem curvis invisam pascit aratris:
190 Hic tibi praevalidas olim multoque fluentes
Sufficiet Baccho vites: hic fertilis uvae,
Hic laticis, qualem pateris libamus & auro,
Inflavit quum pinguis ebur Tyrrhenus ad aras,
Lancibus & pandis fumantia reddimus exta.
195 Sin armenta magis studium vitulosque tueri,
Aut foetus ovium, aut urentes culta capellas:
Saltus, & saturi petito longinqua Tarenti,
Et qualem infelix amisit Mantua campum,
Pascentem niveos herboso flumine cycnos.
200 Non liquidi gregibus fontes, non gramina deerunt,
Et quantum longis carpent armenta diebus,
Exigua tantum gelidus ros nocte reponet.

Virgils Georgicon. II. Buch.

Gros an Helden: an Ruhm und Kunst uralte Geschäfte
Sing ich dir, und wag es die heiligen Quellen zu öfnen: 175
Durch die römische Städte sing ich Ascräische Lieder.
Nun beschreib ich die Erdarten, was für Kräfte sie haben,
Was für Farben, und welche Natur im Erzeugen der Dinge.
Schwer ergiebige Böden, und schlecht geartete Hügel,
Wo ein magerer Thon ist, und Steine im Strauchfelde herrschen, 180
Lieben Palladische Wälder der lebensvollen Olive.
Man erkennt sie, wo wilde Obstbäume häufig sich zeugen,
Und das Gefilde mit Beeren des Walds vielfältig bedeckt ist.
Aber ein setter Boden von süßem Erdsafte grünend,
Fruchtbare Weiden au Gras, und reich an milchvollem Euter, 185
Die wir im hohlen kreisenden Thal des Gebirges danieden
Pflegen zu sehn: wo Bäche schmelzen vom Gipfel der Felsen,
Welche segnenden Schleim führn: und dem Südwinde blos stehn,
Und das Farrnkraut widrig dem krummen Pfluge ernähren:
Solche Gefilde werden dereinst mit herrlichen Reben 190
Triefend vom häufigen Wein dich versehn: und reich seyn an Trauben,
Reich am Safte, den wir in goldenen Schalen vergiesen,
Wenn der feiste Tyrrhener beim Altar das Helfenbein bläset,
Wir auf gebogenen Platten das dampfende Eingeweid opfern.
Würdest du aber mehr auf Vieh= und Kälberzucht denken, 195
Auf die Jungen der Schaafe, und Pflanzen verödende Geislein:
Dann erwähle die Forsten und Flächen des satten Tarenti,
Fluren wie sie das traurige Mantua neulich verlohrn hat,
Wo sich schlosweisse Schwanen am grasichten Strome ernähren;
Klare Quellen und Gräser werden den Heerden nicht mangeln: 200
Und wie viel das Vieh den langen Tag über abäst
So viel ersezt der kühle Thau in den kürzeren Nächten,

VIRGIL. GEORGICON LIB. II.

Nigra fere, & preſſo pinguis ſub vomere terra,
Et cui putre ſolum, (namque hoc imitamur arando)
205 Optima frumentis; non ullo ex aequore cernes
Plura domum tardis decedere plauſtra juvencis:
Aut unde iratus ſilvam devexit arator,
Et nemora evertit multos ignava per annos,
Antiquasque domus avium cum ſtirpibus imis
210 Eruit: illae altum nidis petiere relictis;
At rudis enituit impulſo vomere campus.
Nam jejuna quidem clivoſi glarea ruris
Vix humiles apibus caſias roremque miniſtrat:
Et tophus ſcaber, & nigris exeſa chelydris
215 Creta, negant alios aeque ſerpentibus agros
Dulcem ferre cibum, & curvas praebere latebras.
Quae tenuem exhalat nebulam, fumosque volucres;
Et bibit humorem, &, quum vult, ex ſe ipſa remittit:
Quaeque ſuo viridi ſemper ſe gramine veſtit,
220 Nec ſcabie & ſalſa laedit robigine ferrum,
Illa tibi laetis intexet vitibus ulmos:
Illa ferax oleo eſt: illam experiere colendo,
Et facilem pecori, & patientem vomeris unci.
Talem dives arat Capua, & vicina Veſevo
225 Ora jugo, & vacuis Clanius non aequus Acerris.
Nunc, quo quamque modo poſſis cognoſcere, dicam.
Rara ſit, an ſupra morem ſit denſa, requiras:
Altera frumentis quoniam favet, altera Baccho:
Denſa magis Cereri, rariſſima quaeque Lyaeo:
230 Ante locum capies oculis, alteque jubebis
In ſolido puteum demitti, omnemque repones

Virgils Georgicon. II. Buch.

Erde, die schwärzlich, an tiefgerichtetem Pfluge noch fett ist,
Wo der Boden mürb ist, (denn dies ist der Endzweck des Pflügens)
Trägt am besten Getreide: auf keiner Flur wirst du sehen   205
Mehrere Wagen von langsamen Stieren geführet nach Haus ziehn:
Oder wo gleichsam im Zorn der Landmann die Wälder hinwegschaft,
Wenn er Hayne die viele Jahre verfaulenzt herumwühlt,
Und die uralte Vögelbehausung mit innerster Wurzel
Ausgräbt; jene verlassen die Nester und fliehn in die Höhe: 210
Ein nicht tragbares Feld scheint weislicht am zwängenden Pflugschaar.
Denn der nahrungslose Kies des höckrichten Landes
Trägt kaum niedrige Casten, Rosmarin für die Bienen:
Schwammichter Tufstein, von schwarzen Chelydern zerfressene Kreide,
Soll, wie man sagt, vorzüglich für andern Aeckern den Schlangen 215
Süse Speise tragen, und krümmende Höhlen gewähren.
Land, das dünne Nebel und flüchtige Dämpfe verhauchet,
Feuchtigkeit anzieht, und aus sich selbst sie willig verduftet,
Das sich beständig mit eigenem grünendem Gras überkleidet,
Nicht mit Krätze und salzichtem Rost den Pflugschaar verletzet: 220
Dieses wird dir die Ulmen mit wuchsigen Reben durchflechten:
Auch an Oel ists tragbar: durch fleißiges Bauen erfährst du,
Daß es auch Heerden ernähre, den krummen Pflugschaar ertrage.
Solches bepflügt das begüterte Capua, ferner die Nachbarn
Um den Vesuv, am Clan dem oben Acerrä gefährlich.   225
Jetzt will ich lehren wie jede Erdart du müssest erkennen.
Prüf ob sie locker, oder in jeder Betrachtung sehr zäh sei,
Denn die eine begünstigt den Kornbau, die andre den Weinstock,
Dicht behagt der Ceres, und jedes lockre dem Bacchus:
Faß einen Ort ins Aug, und befiehl im festeren Boden   230
Tief einen Brunnen zu graben, dann füll' ihn wieder mit seiner

Rursus humum, & pedibus summas aequabit arenas,
Si deerunt, rarum, pecorique & vitibus almis
Aptius uber erit; sin in sua posse negabunt
235 Ire loca, & scrobibus superabit terra repletis,
Spissus ager: glebas cunctantes crassaque terga
Exspecta, & validis terram proscinde juvencis.
Salsa autem tellus, & quae perhibetur amara,
Frugibus infelix (ea nec mansuescit arando,
240 Nec Baccho genus, aut pomis sua nomina servat)
Tale dabit specimen. Tu spisso vimine qualos,
Colaque praelorum fumosis deripe tectis.
Huc ager ille malus, dulcesque a fontibus undae
Ad plenum calcentur: aqua eluctabitur omnis
245 Scilicet, & grandes ibunt per vimina guttae;
At sapor indicium faciet manifestus, & ora
Tristia tentantum sensu torquebit amaror.
Pinguis item quae sit tellus, hoc denique pacto
Discimus: haud unquam manibus jactata fatiscit,
250 Sed picis in morem ad digitos lentescit habendo.
Humida majores herbas alit, ipsaque justo
Laetior; ah nimium ne sit mihi fertilis illa,
Neu se praevalidam primis ostendat aristis!
Quae gravis est, ipso tacitam se pondere prodit,
255 Quaeque levis, promptum est oculis praediscere nigram,
Et quis cui color: at sceleratum exquirere frigus
Difficile est: piceae tantum, taxique nocentes
Interdum, aut hederae pandunt vestigia nigrae.
His animadversis, terram multo ante memento
260 Excoquere, & magnus scrobibus concidere montes,

Erde, und ebne mit den Füßen die Fläche des Kummers.
Mangelts an Erde, so ist sie locker, der Heerden, des milden
Weinstocks bequeme Pflegerin. Wenn sie aber sich weigert
All hinein zu gehn, und noch Erde vom Füllen zurück bleibt, 235
Schwer ist dann der Boden: erwarte dann zögernde Schollen,
Starke Furchen, zerpflüg die Erde mit mächtigen Stieren.
Aber ein salzichter Boden, den man für bitter erkläret,
Ist den Früchten nicht hold, (er wird auch durch Pflügen nicht milde,
Er bewahrt nicht dem Wein seine Art, nicht dem Obst seine Namen:) 240
Folgendes wird dich belehren: Nimm Körbe aus stärkeren Ruthen,
Seigen der Kelter hohle vom rauchichten Dachraum herunter.
Diese empfangen die böse Erdart, sie werden mit süsem
Quellwasser vollgestampft: und alles Quellwasser zwängt sich
Durch, in grosen Tropfen fliest es durchs Ruthengeflechte. 245
Dann wird dich der Geschmack ganz deutlich belehren, die Lippen
Wird die Bitterkeit rümpfen, wenn man durch Kosten es prüfet.
Welche Erdart fett sei, das kann man durch folgenden Handgrif
Auch erfahren: eine Handvoll geworfen zerfällt nicht,
Sondern sie klebt, indem man sie angreift, wie Pech an den Fingern. 250
Feuchte Erd' nährt größte Kräuter, sie zieht sie zu mastig:
Warlich diese Erdart sei mir nicht allzu ergiebig,
Nicht so voreilig zeige sie sich im Entstehen der Aehren!
Die da schwer ist verräth sich schweigend durch eignes Gewichte:
So auch die leichte. Die schwarze erkennt man schleunig im Ansehn, 255
Eben so jede Farbe. Die schändliche Kälte zu spähen
Fällt beschwerlich: Doch die Pechtannen, schädlicher Tarus,
Dunkler Epheu, entdecken zuweilen einige Spuren.
Wenn du dies alles bemerkt hast, so trachte die Erde zu bessern
Lange vorher, und grose Wälle aus Graben zu roden, 260

Ante supinatas Aquiloni oftendere glebas,
Quam laetum infodias vitis genus, optima putri
Arva folo: id venti curant, gelidaeque pruinae,
Et labefacta movens robuftus jugera foffor.
265 At, fi quos haud ulla viros vigilantia fugit,
Ante locum fimilem exquirunt, ubi prima paretur
Arboribus feges, & quo mox digefta feratur;
Mutatam ignorent fubito ne femina matrem.
Quin etiam caeli regionem in cortice fignant:
270 Ut, quo quaeque modo fteterit, qua parte calores
Auftrinos tulerit, quae terga obverterit axi,
Reftituant. Adeo in teneris confuefcere multum eft.
Collibus, an plano melius fit ponere vitem,
Quaere prius. Si pinguis agros metabere campi,
275 Denfa fere: in denfo non fegnior ubere Bacchus.
Sin, tumulis acclive folum, collesque fupinos,
Indulge ordinibus: nec fecius omnis in unguem
Arboribus pofitis fecto via limite quadret.
Ut faepe ingenti bello quum longa cohortes
280 Explicuit legio, & campo ftetit agmen aperto,
Directaeque acies, ac late fluctuat omnis
Aere renidenti tellus, nec dum horrida mifcent
Praelia, fed dubius mediis Mars errat in armis.
Omnia fint paribus numeris dimenfa viarum,
285 Non animum modo uti pafcat profpectus inanem;
Sed quia non aliter vires dabit omnibus aequas
Terra, neque in vacuum poterunt fe extendere rami.
Forfitan & fcrobibus quae fint faftigia quaeras.
Aufim vel tenui vitem committere fulco.

Eh dem Nordwind die aufgegrabene Schollen zu zeigen,
Eh du das frohe Geschlecht des Weinstocks da eingräbst: die beste
Flur ist locker: dis machen die Winde und starrende Reise,
Starke Reoler indem sie die morschen Zucharte graben.
Wenn aber keine Sorgfalt solchen Männern entwischet;   265
So erforschen sie eh einen ähnlichen Plaz, wo die erste
Baumsaat gepflegt, und von wannen sie bald in Ordnung verpflanzt wird:
Daß nicht die Pflänzgen die plözlich vertauschte Mutter vermissen.
Ja man zeichnet so gar auf die Rinde die Gegend des Himmels:
Um zu bestimmen wie jedes stand, wo die südliche Hize   270
Es ertrug, und welche Seite zum Nordpol es kehrte,
So sezt mans wieder: vom Keim an gewohnt seyn ist nichts geringes.
Ob die Rebpflanzung besser auf Flächen als Bergen gedeihe,
Forsche zuerst. Und wenn du die Felder des fetten Lands abpfälst,
Dann sey dicht, an voller Brust ist Bacchus nicht säumig.   275
Wenn der hüglichte Boden steil ist, die Bergseiten gäh sind,
Dann verpflanz' in Reihen: nicht anders laß alle Gänge
Nach der Schnur und genau in gepflanzten Stöcken sich kreuzen,
Als wenn oft im erschrecklichen Kriege die grosen Armeen
Schaaren verbreiten, im offenen Felde das Kriegesheer da steht,   280
Rüstig zum Treffen, weit durchwallt das ganze Gefilde
Flimmerndes Erz, und noch nicht mischt sich das wilde Gemezzel,
Sondern zweifelhaft irrt noch Mars in Mitten der Waffen.
Maaß und Zahl der gemessenen Gänge des Weinbergs soll gleich seyn:
Nicht blos daß sich ein leerer Kopf am Anblick ergöze,   285
Sondern weil die Erde nicht anders mit gleichen Kräften
Jedes ernährt, und die Aeste ins Leere sich ausbreiten können.
Fragst du vielleicht wie tief die Löcher gemacht werden müssen.
Wagen dürft' ichs den Weinstock in seichte Furchen zu pflanzen.

290 Altior ac penitus terrae defigitur arbos,
Aefculus in primis: quae quantum vertice ad auras
Aethereas, tantum radice in Tartara tendit.
Ergo non hiemes illam, non flabra, neque imbres
Convellunt: immota manet, multosque nepotes,
295 Multa virum volvens durando faecula vincit.
Tum fortes late ramos & brachia tendens
Huc illuc, media ipfa ingentem fuftinet umbram.
Neve tibi ad folem vergant vineta cadentem:
Neve inter vites corylum fere: neve flagella
300 Summa pete, aut fumma deftringe ex arbore plantas;
(Tantus amor terrae) neu ferro laede retufo
Semina: neve oleae filveftres infere truncos.
Nam faepe incautis paftoribus excidit ignis,
Qui furtim pingui primum fub cortice tectus,
305 Robora comprendit, frondesque elapfus in altas
Ingentem caelo fonitum dedit: inde fecutus
Per ramos victor, perque alta cacumina regnat,
Et totum involvit flammis nemus, & ruit atram
Ad caelum picea craffus caligine nubem:
310 Praefertim fi tempeftas a vertice filvis
Incubuit, glomeratque ferens incendia ventus.
Hoc ubi; non a ftirpe valent, caefaeque reverti
Poffunt, atque ima fimiles revirefcere terra:
Infelix fuperat foliis oleafter amaris.
315 Nec tibi tam prudens quisquam perfuadeat auctor,
Tellurem Borea rigidam fpirante moveri.
Rura gelu tum claudit hiems; nec femine jacte
Concretam patitur radicem adfigere terrae.

Aber die Bäume senkt man völlig und tief in die Erde: 290
Dies gilt vorzüglich dem Aesculus, welcher so hoch mit dem Gipfel
Lüfte des Aethers, als tief mit der Wurzel die Hölle bezielet.
Darum erschüttern ihn auch keine Winter, nicht Winde, nicht Stürme:
Unbeweglich bleibt er, zahlreiche Enkel, und viele
Mannsalter, die er ausdaurend umwälzt, kämpft er hinüber. 295
Starke Aeste und Arme dehnt er aus in die Weite,
Er in der Mitten, wirft hier und dorthin den mächtigen Schatten.
Laß die Weinberge nicht zur sinkenden Sonne sich lenken:
Pflanz nicht Haseln zwischen die Weinstöcke: nimm nicht die höchsten
Rebschosse, brich nicht Pflanzen vom obersten Gipfel der Bäume: 300
(Denn so gros ist die Neigung zur Erde) verletz nicht mit stumpfem
Messer die Pflänzlinge: misch nicht den wilden Oelbaum mit unter,
Denn sehr oft entfällt dem sorglosen Hirten das Feuer
Welches versteckt unter fetter Rinde im Anfange heimlich
Holz ergreift, hernach durchs hohe Gesträuch hinauf eilt 305
Greuliches Sausen dem Himmel zuschickt. Der Sieger verfolget
Dann auch die Zweige, er herrscht in den obersten Wipfeln der Bäume,
Ganze Haine hüllt er in Flammen, und wälzet die schwarzen
Wolken dick von pechichtem Dunkel hinauf in den Himmel:
Dann vorzüglich wann Sturm aus der Höh auf die Waldungen stößet, 310
Der sich erhebende Wind die Feuersbrünste in eins ballt.
Wo dies geschieht, sind die Reben dahin, die gekappten vermögen
Keine Erholung, am Boden grünen die Zweige nicht wieder:
Nur der traurige bittre wilde Oelbaum erträgt es.
Laß dich von keinem Rathgeber auch nicht vom Klügsten bereden, 315
Erde indem sie vom blasenden Nordwind erstarrt ist zu roden:
Dann schließt der Winter die Felder mit Frost: wenn die Pflanzen gesetzt
sind,
Duldet er nicht daß gefrorne Wurzeln im Boden sich heften.

Optima vinetis fatio, quum vere rubenti
320 Candida venit avis, longis invifa colubris:
Prima vel autumni fub frigora, quum rapidus fol
Nondum hiemem contingit equis, jam praeterit aeftas.
Ver adeo frondi nemorum, ver utile filvis:
Vere tument terrae, & genitalia femina pofcunt.
325 Tum pater omnipotens foecundis imbribus aether
Conjugis in gremium laetae defcendit, & omnes
Magnus alit, magno commixtus corpore, foetus.
Avia tum refonant avibus virgulta canoris,
Et Venerem certis repetunt armenta diebus:
330 Parturit almus ager: Zephirique tepentibus auris
Laxant arva finus: fuperat tener omnibus humor:
Inque novos foles audent fe germina tuto
Credere: nec metuit furgentes pampinus Auftros,
Aut actum caelo magnis Aquilonibus imbrem:
335 Sed trudit gemmas, & frondes explicat omnes.
Non alios prima crefcentis origine mundi
Illuxiffe dies, aliumve habuiffe tenorem
Crediderim. Ver illud erat, ver magnus agebat
Orbis, & hibernis parcebant flatibus Euri:
340 Quum primum lucem pecudes haufere, virumque
Ferrea progenies duris caput extulit arvis,
Immiffaeque ferae filvis, & fidera caelo.
Nec res hunc tenerae poffent perferre laborem,
Si non tanta quies iret frigusque, caloremque
345 Inter, & exciperet caeli indulgentia terras.

Quod fupereft, quaecunque premes virgulta per agros,
Sparge fimo pingui, & multa memor occule terra:

Weinberge pflanzt man am besten, wenn im röthlichten Frühling
Weisse den länglichten Schlangen gefährliche Vögel einher ziehn: 320
Auch in den ersten Reifen des Herbsts, wenn der flüchtigen Sonne
Pferde noch nicht den Winter ereilen; der Sommer dahin ist.
Waldichtem Laub ist der Frühling, der Lenz ist den Hainen ersprießlich:
Erdarten schwellen im Frühling, und fordern erzeugende Saamen.
Dann sinkt Alvater Aether mit alles befruchtenden Regen 325
In den Schoos der frohen Gemalin, und all ihre Kinder
Nährt der Grose, indem er dem grosen Körper sich mittheilt.
Dann ertönt das unwegsame Buschwerk vom Vögelgezwitscher,
Und das Vieh wiederholt zu Zeiten die fruchtbare Paarung:
Dann gebiert der allgnugsame Acker, im laulichten Westwind 330
Oefnet die Flur ihre Dunstlöcher: alles hat Saft überflüßig:
Gräser wagen es dann der neuen Sonne sich sicher
Anzuvertrauen: die Rebe scheut nicht den kommenden Südwind,
Auch nicht den Sturm den der mächtige Nordwind am Himmel einher-
treibt,
Sondern sie schiebt ihre Augen, entfaltet all ihre Blätter. 335
Daß keine andere Tage im Ursprung des Werdens der Erde
Sie beleuchteten, daß sie die nämliche Eigenschaft hatten
Glaub ich fast: es war Frühling: es webte im Frühling der grose
Erdkreis, und die Ostwinde sparten das Wintergebrause:
Als die ersten Heerden Lichtluft schöpften, der Männer 340
Eiserne Nachkommenschaft aus harten Fluren das Haupt hob:
Wälder die wilden Thiere empfiengen, der Himmel die Sterne.
Solche zarte Geschöpfe hätten die Last nicht ertragen,
Wenn ein so groser Ruhpunkt nicht zwischen der Kälte und Wärme
Wär gewesen, und Langmuth des Himmels die Erde verschonte. 345
Uebrigens, welche Rebart du immer aufs Feld hin verpflanzest,
Düng es mit fettem Mist, vergis nicht es tüchtig zu häufeln:

E 5

Aut lapidem bibulum, aut squalentes infode conchas:
Inter enim labentur aquae, tenuisque subibit
350 Halitus, atque animos tollent sata; jamque reperti,
Qui saxo super atque ingentis pondere testae
Urgerent: hoc effusos munimen ad imbres,
Hoc, ubi hiulca siti findit canis aestifer arva.
Seminibus positis, superest deducere terram
355 Saepius ad capita, & duros jactare bidentes:
Aut presso exercere solum sub vomere, & ipsa
Flectere luctantes inter vineta juvencos.
Tum leves calamos & rasae hastilia virgae,
Fraxineasque aptare sudes, furcasque bicornes:
360 Viribus eniti quarum, & contemnere ventos
Adsuescant, summasque sequi tabulata per ulmos.
Ac, dum pruina novis adolescit frondibus aetas,
Parcendum teneris; & dum se laetus ad auras
Palmes agit, laxis per purum immissus habenis.
365 Ipsa acie nondum falcis tentanda: sed uncis
Carpendae manibus frondes, interque legendae.
Inde ubi jam validis amplexae stirpibus ulmos
Exierint, tum stringe comas, tum brachia tonde.
Ante reformidant ferrum: tum denique dura
370 Exerce imperia, & ramos compesce fluentes.
Texendae saepes etiam, & pecus omne tenendum,
Praecipue dum frons tenera imprudensque laborum:
Cui, super indignas hiemes, solemque potentem,
Silvestres uri adsidue capreaeque sequaces
375 Illudunt, pascuntur oves, avidaeque juvencae.
Frigora nec tantum cana concreta pruina,

Oder vermisch es mit durstigen Steinen, und schmierigen Muscheln.
Denn sie verschlucken das Wasser, und nehmen den feineren Dunst ein.
Dann erheben die Pflanzen die Häupter. Ja es gab Leute, 350
Die es mit Steinen, mit Scherben in greser Menge bedeckten:
Dieses sollte es gegen die häufige Plazregen schüzen:
Auch wenn im Durst der hizige Hundstern die Thonfelder spaltet.
Sind die Pflanzen gesezt, so fehlt noch die Erde zu häufen
Oesters um die Wurzel, den harten Zweizack zu schwingen; 355
Oder mit drückendem Pflugschaar die Erd zu bewürfen, und selbsten
Zwischen die Zellen des Weinbergs die ziehende Farren zu lenken.
Dann bereite dir glattes Rohr, von geschneideltem Buschwerk
Stangen, eschene Pfäle, und dann zweihörnigte Furken:
Deren Kräfte sie stüzen, damit sie dem Sturmwind zu trozen, 360
Sich dem Geländer ius Ulmengeäste zu folgen, gewöhnen.
Wenn ihr Jugendalter mit neuen Blättern heran wächst,
Dann verschone die zarten; und wann das fröhliche Rebschoß
Luftwärts steigt, mit schlaffem Zügel ins Leere hinein wankt,
Dann darf man noch nicht die Schärfe des Rebmessers brauchen: mit
krummen
Fingern muß man die Sprößlinge brechen, indem man sie auswählt. 365
Wenn sie aber mit kräftigen Stämmen die Ulmen umschlingend
Auslaufen, dann brich die Sprossen, und dann beschneide die Ranken.
Eher vertrugen sie nicht das Rebmesser: jezt aber übe
Strenge Beherschung, und halte die schwankende Ranken im Zwange. 370
Zäune mußt du auch flechten, und jede Viehart verbannen:
Sonderlich wenn die Zweige noch zart, in Gefahr unerfahrn sind:
Nebst unfreundlichen Wintern und auf) oder heftigen Sonne,
Täuschen sie immer der wilde Urochs, verfolgende Ziegen:
Schaafe weiden sie ab: und mit ihnen gierige Rinder. 375
Nicht so sehr schaden die Kälte- die grauen starrenden Reife,

VIRGIL. GEORGICON LIB. II.

Aut gravis incumbens scopulis arentibus aestas,
Quantum illi nocuere greges, durique venenum
Dentis, & admorso signata in stirpe cicatrix.
380 Non aliam ob culpam Baccho caper omnibus aris
Caeditur, & veteres ineunt proscenia ludi:
Praemiaque ingeniis pagos & compita circum
Thesidae posuere: atque inter pocula laeti
Mollibus in pratis unctos saliere per utres.
385 Nec non Ausonii, Troja gens missa, coloni
Versibus incomptis ludunt, risuque soluto;
Oraque corticibus sumunt horrenda cavatis:
Et te, Bacche, vocant per carmina laeta, tibique
Oscilla ex alta suspendunt mollia pinu.
390 Hinc omnis largo pubescit vinea foetu:
Complentur vallesque cavae saltusque profundi,
Et quocunque Deus circum caput egit honestum.
Ergo rite suum Baccho dicamus honorem
Carminibus patriis, lancesque & liba feremus:
395 Et ductus cornu stabit sacer hircus ad aram,
Pinguiaque in verubus torrebimus exta colurnis.
Est etiam ille labor curandis vitibus alter,
Cui nunquam exhausti satis est: namque omne quotannis
Terque quaterque solum scindendum, glebaque versis
400 Aeternum frangenda bidentibus; omne levandum
Fronde nemus. Redit agricolis labor actus in orbem,
Atque in se sua per vestigia volvitur annus.
Et jam olim feras posuit quum vinea frondes,
Frigidus & silvis Aquilo decussit honorem;
405 Jam tum acer curas venientem extendit in annum

Oder die schwere Hize indem sie den schmachtenden Fels drükt,
Als ihnen schaden die Heerden, das Gift des nagenden Zahnes,
Und im verbissenen Stamm die ausgezeichnete Narbe.
Darum allein wird dem Bacchus der Geisbock auf allen Altären   380
Abgeschlachtet, die Alten besuchten den Vorplaz des Schauspiels:
Um die Dörfer und Scheidwege stellten die Athenienser
Wettpreise für den Wiz, und fröhlich zwischen den Bechern
Tanzten sie in weichen Wiesen auf schmierigen Schläuchen.
Auch die Ausonische Bauern, ein Volk aus Troja entsprungen,   385
Scherzen in ungekünstelten Versen, und lautem Gelächter:
Scheuslicher Larven bedienen sie sich aus Rinden die hohl sind:
Rufen dich Bachus an in frohen Gedichten, und hängen
Weiche schwebende Wachsbilder dir an erhabene Fichten.
So wird jeder Weinberg mannbar zu reichen Geburten: 390
Hohle Thäler und tiefes Gewälde werden voll Trauben,
Wo auch der Gott sein verehrungswürdiges Angesicht hinkehrt.
Darum laßt uns gebührend dem Bacchus sein Ehrenfest feiern,
Heimathsgedichte, und Hönigkuchen auf Platten ihm bringen;
Und der am Horn geführte geweihete Bock steh' am Altar,   395
Fettes Eingeweid' rösten wir dann am haselnen Bratspies.
Noch eine andere Arbeit giebt es den Weinberg zu pflegen,
Die nicht gnug wiederholt werden kann: denn jedes Jahr fälgt man
Dreimal bis viermal den Boden, mit umgewendetem Zweizack
Muß man immer die Schollen zermalmen, und jedem Gebüsche   400
Nimmt man das Laub. Das Tagwerk des Landmanns kommt wieder im
                  Kreislauf,
So wie das Jahr durch eigene Bahn sich wieder in sich wälzt.
Wenn dereinst der Weinberg die späten Blätter nun abwirft
Und der kalte Nord den Schmuck der Wälder dahin weht;
Dann schon erstreckt sich des klugen Landmanns Sorge aufs nächste 405

Rusticus, & curvo Saturni dente relictam
Persequitur vitem attondens, fingitque putando.
Primus humum fodito, primus devecta cremato
Sarmenta, & vallos primus sub tecta referto :
410 Postremus metito. Bis vitibus ingruit umbra ;
Bis segetem densis obducunt sentibus herbae.
Durus uterque labor. Laudato ingentia rura,
Exiguum colito. Nec non etiam aspera rusci
Vimina per silvam, & ripis fluvialis arundo
415 Caeditur, incultique exercet cura salicti.
Jam vinctae vites : jam falcem arbusta reponunt :
Jam canit extremos effoetus vinitor antes.
Sollicitanda tamen tellus, pulvisque movendus.
Et jam maturis metuendus Juppiter uvis.
420 Contra, non ulla est oleis cultura : neque illae
Procurvam exspectant falcem rastrosque tenaces ;
Quum semel haeserunt arvis, aurasque tulerunt.
Ipsa satis tellus, quum dente recluditur unco,
Sufficit humorem, & gravidas cum vomere fruges.
425 Hoc pinguem & placitam paci nutritor olivam.
Poma quoque, ut primum truncos sensere valentes,
Et vires habuere suas ; ad sidera raptim
Vi propria nituntur, opisque haud indiga nostrae.
Nec minus interea foetu nemus omne gravescit,
430 Sanguineisque inculta rubent aviaria baccis.
Tondentur cytisi, taedas silva alta ministrat,
Pascunturque ignes nocturni, & lumina fundunt.
Et dubitant homines serere, atque impendere curam ?
Quid majora sequar ? Salices, humilesque genestae,

Jahr, mit dem krummen Zahn des Saturns verfolgt er den nackten
Weinstock, indem er ihn scheert, und durch Ausschneideln seine Gestalt
giebt.
Sei der erste im Graben, das weggeförderte Reisig
Einzuäschern, die Pfäl' unter Dach zu schaffen der erste;
Aber im Erndten der lezte. Der Weinstock beschattet sich zweimal: 410
Zweimal bedeckt das Unkraut mit dichten Dornen die Pflanzung
Beides macht schwere Arbeit. Grose Landgüter lobst du:
Aber nur kleine bauft du. Jezt auch haut man des scharfen
Mäuseborns Ruthen in Wäldern, und an den Ufern das Schilfrohr,
Und man besorgt das ungepflanzte Weidengesträuche. 415
Jezt sind die Stöcke gebunden: vom Buschwerk entfernt man das Messer;
Und der entfernte Winzer singt an dem dussersten Pfalwerk:
Doch das Jälgen der Erde geht fort, der Grund wird gerühret,
Wenn die Tranben schon reif sind, so ist noch der Himmel zu fürchten.

Aber die Oelbäume fordern dagegen nur wenige Wartung: 420
Dann sie bedürfen nicht krumme Messer, nicht fleißige Karste;
Wenn sie einmal im Boden gewurzelt, die Lüfte ersteigen.
Selbst die Erde, wenn man mit krummen Hacken sie aufschließt,
Liefert gnugsamen Saft, mit dem Pflugschaar schwangere Früchte:
So verpflege die fette dem Frieden beliebte Olive. 425
Auch das Obst, so bald es der Krafttrieb der Stämme bewirket,
Wenn es eigene Kräfte erhält, so steiget es schleunig
Eigenmächtig sternwärts, und unserer Hilfe bedarfs nicht.
Jeder Lustwald indessen beladet sich gleichfalls mit Früchten,
Wildes Vogelgebüsche erröthet von blutigen Beeren. 430
Man beweibet den Cytisus; Hochgewäld dient uns mit Kienholz,
Welches das nächtliche Feuer erndhrt, und Hellung verbreitet.
Und der Mensch bedenkt sich zu pflanzen, und Sorg zu verwenden?
Doch was soll mir der Hochwald? Weiden und niedriger Genster,

435 Aut illae pecori frondem, aut pastoribus umbras
Sufficiunt, sepemque satis, & pabula melli.
Et juvat undantem buxo spectare Cytorum,
Narvciaeque picis lucos: juvat arva videre,
Non rastris, hominum non ulli obnoxia curae.
440 Ipsae Caucaseo steriles in vertice silvae,
Quas animosi Euri adsidue franguntque feruntque,
Dant alios aliae foetus: dant utile lignum
Navigiis pinos, domibus cedrumque cupressosque:
Hinc radios trivere rotis, hinc tympana plaustris
445 Agricolae, & pandas ratibus posuere carinas.
Viminibus salices foecundae, frondibus ulmi:
At myrtus validis hastilibus, & bona bello
Cornus: Ityraeos taxi torquentur in arcus.
Nec tiliae leves aut torno rasile buxum
450 Non formam accipiunt, ferroque cavantur acute:
Nec non & torrentem undam levis innatat alnus
Missa Pado: nec non & apes examina condunt
Corticibusque cavis, vitiosaeque ilicis alveo.
Quid memorandum aeque Baccheja dona tulerunt?
455 Bacchus & ad culpam caussas dedit; ille furentes
Centauros leto domuit, Rhoetumque, Pholumque,
Et magno Hylaeum Lapithis cratere minantem.
O fortunatos nimium, sua si bona norint,
Agricolas! quibus ipsa, procul discordibus armis,
460 Fundit humo facilem victum justissima tellus.
Si non ingentem foribus domus alta superbis
Mane salutantem totis vomit aedibus undam;
Nec varios inhiant pulchra testudine postes,

Virgils Georgicon. II. Buch.

Können die Heerden mit Blättern, oder mit Schatten die Hirten, 435
Oder die Saaten mit Hecken, Bienen mit Honig versehen.
Angenehm ists den Cytorus mit Buchsbaum wallend zu sehen,
Forsten voll von Narycischem Pech, und Fluren zu schauen
Die nicht des Karstes, die keiner Sorge der Menschen bedürfen.
Selbst die fruchtlosen Wälder auf den Caucasischen Gipfeln, 440
Welche der wütende Ostwind beständig entwurzelt und splittert,
Geben mancherlei Stof: sie liefern nützliche Hölzer,
Tannen zum Schifbau, sie geben Cupressen und Cedern zu Häusern.
Hier zerspalten Bauern die Radspeichen, hier ihre Scheiben
Zu den Wagen, und bauen gebogene Kiele aus Floßholz. 445
Weiden ergiebig an Ruthen, fürs Vieh an Blättern der Ulmbaum:
Myrten zu mächtigen Lanzen, Cornelbäume schicklich zum Kriege:
Hier wird der Tarbaum zum Iturdischen Bogen gekrümmet.
Auch die glatte Linde, der Buchsbaum dem Drechsler tauglich
Werden hier gebildet, mit scharfen Messern gehölet: 450
Eben so schwimmt die leichte Erle in reissenden Wellen,
Auf dem Padus: und Bienen verbergen die Schwärme in hohlen
Rinden, oder im Schlauch des ausgefaulten Scharlachbaums.
Aber was haben die Gaben des Bacchus dagegen genützet?
Bacchus gab zu Verbrechen oft Anlaß: zu tödtlichem Wüthen 455
Zwang er jene Centauren, den Rhoetus, Pholus, Syläus,
Der mit dem grosen Trinkbecher dort die Lapither bedrohte.

O des allzu beglückten Landvolks! wenns seine Güter
Nur recht kennte! fern vom schwürigen Krieg überströmt es
Aus ihrem Schoos die lohnende Erd' mit gemächlicher Nahrung. 460
Wenn schon kein hoher Pallast mit prächtigen Thoren, des Morgens
Hier aus allen Gemächern den Schwall der Günstlinge ausspeit;
Ob man gleich keine Pfosten von schöner Schildpadde anguft,

Illusasque auro vestes, Ephyrejaque aera;
465 Alba neque Assyrio fucatur lana veneno,
Nec casia liquidi corrumpitur usus olivi:
At secura quies, & nescia fallere vita,
Dives opum variarum; at latis otia fundis,
Speluncae, vivique lacus; at frigida Tempe,
470 Mugitusque boum, mollesque sub arbore somni
Non absunt. Illic saltus ac lustra ferarum,
Et patiens operum, exiguoque adsueta juventus,
Sacra Deum, sanctique patres: extrema per illos
Justitia excedens terris vestigia fecit.
475 Me vero primum dulces ante omnia Musae,
Quarum sacra fero ingenti percussus amore,
Accipiant; caelique vias, & sidera monstrent:
Defectus solis varios, lunaeque labores:
Unde tremor terris: qua vi maria alta tumescant
480 Objicibus ruptis, rursusque in se ipsa residant:
Quid tantum Oceano properent se tingere soles
Hiberni, vel quae tardis mora noctibus obstet.
Sin, has ne possim naturae accedere partes,
Frigidus obstiterit circum praecordia sanguis;
485 Rura mihi & rigui placeant in vallibus amnes;
Flumina amem, silvasque inglorius. O, ubi campi,
Spercheosque, & virginibus bacchata Lacaenis
Taygeta: o, qui me gelidis in vallibus Haemi
Sistat, & ingenti ramorum protegat umbra!
490 Felix, qui potuit rerum cognoscere causas;
Atque metus omnes & inexorabile fatum
Subjecit pedibus, strepitumque Acherontis avari!

Nebst den goldgestickten Kleidern, Corinthischem Erzwerk;
Nicht die weiſſe Woll' mit Aſſyriſchem Gift übertünchet,   465
Nicht den Gebrauch des lautern Baumöls mit Caſien fälſchet;
Lebt man doch in ſtolzer Ruh, ein trugloſes Leben,
Reich an mancherlei Gütern: Muſe auf räumlichem Landgut,
Hölen und Weiher voll Leben: ein Wieſenthal voller Erfriſchung,
Ochſengebrüll, und ſanfter Schlaf im Schatten der Bäume   470
Mangeln hier nicht. Auch ſind da Forſten, und Lager des Wildprets,
Hier giebts Arbeit gedultige Jugend die wenig begehret,
Feier den Göttern, heilige Väter: und hier ließ die lezte
Spur die Gerechtigkeit übrig, als ſie vom Erdkreis entflohe.
Mich aber ſollen für allen Dingen die lieblichen Muſen,   475
Deren Dienſt ich von mächtiger Liebe durchdrungen beſorge,
Aufnehmen; mich die Bahnen des Himmels die Sternkunde lehren:
Jede Veränderung der Sonne, und jeden Wechſel des Mondes:
Was das Erdbeben mache: woher der Ocean anſchwellt
Wenn er die Däme durchbricht, und dann in ſich ſelbſten zurückkehrt: 480
Was die Winterſonne bewege ſo ſehr mit dem Tauchen
In das Weltmeer zu eilen, warum die Sommernacht zögert.
Wenn ich zu dieſem Theil der Natur nicht durchdringen könnte,
So daß mir ein kaltes Geblüt ums Herz her im Weg ſtünd;
Dann wären Fluten und rieſelnde Bäche in Thälern mir Wonne;   485
Nicht ſo geehrt erwähl ich mir Flüſſe und Waldungen. O wo
Find ich Sperchëiſch Gefilde, den Tayget wie ihn umſchwärmen
Mädchen von Sparta: O wer bringt mich hin in die kühlen
Thäler am Hämus, wer deckt mich mit mächtigen Schatten von Zweigen?
Wohl dem der da vermag der Dinge Urquell zu forſchen: 490
Jede Beſorgnis, das unerbittliche Schickſal, das Rauſchen
Jenes gierigen Acherons, froh und getroſt zu beſiegen.

Fortunatus & ille, Deos qui novit agrestes,
Panaque, Silvanumque senem: Nymphasque sorores!
495 Illum non populi fasces, non purpura regum
Flexit, & infidos agitans discordia fratres;
Aut conjurato descendens Dacus ab Istro:
Non res Romanae, peritursque regna: neque ille,
Aut doluit miserans inopem, aut invidit habenti.
500 Quos rami fructus, quos ipsa volentia rura
Sponte tulere sua, carpsit: nec ferrea jura,
Insanumque forum, aut populi tabularia vidit.
Sollicitant alii remis freta caeca, ruuntque
In ferrum, penetrant aulas, & limina regum:
505 Hic petit exciJiis urbem, miserosque Penates,
Ut gemma bibat, & Sarrano indormiat ostro;
Condit opes alius, defossoque incubat auro.
Hic stupet attonitus Rostris: hunc plausus hiantem
Per cuneos (geminatus enim) plebisque patrumque
510 Corripuit: gaudent perfusi sanguine fratrum,
Exilioque domos & dulcia limina mutant;
Atque alio patriam quaerunt sub sole jacentem.
Agricola incurvo terram dimovit aratro:
Hinc anni labor: hinc patriam parvosque nepotes
515 Sustinet; hinc armenta boum, meritosque juvencos.
Nec requies, quin aut pomis exuberet annus,
Aut foetu pecorum, aut Cerealis mergite culmi;
Proventuque oneret sulcos, atque horrea vincat.
Venit hiems, teritur Sicyonia bacca trapetis:
520 Glande sues laeti redeunt: dant arbuta silvae;
Et varios ponit foetus autumnus: & alte

Aber wohl auch dem, der die Götter der Landleute kennet,
Nämlich den Pan, den alten Sylvan, die verschwisterte Nymphen!
Solchen können nicht Würden des Volks, nicht der Könige Purpur 495
Reizen, auch nicht die Zwietracht, die treulose Brüder entflammet;
Nicht der Dacier der vom verschwornen Ister herab stürmt,
Nicht der Zustand der Römer, nicht untergehende Staaten:
Er bedauert nicht trauernd die Armuth, beneidet nicht Reiche.
Früchte die ihm die Zweige, und die ihm sein eigen Gefilde 500
Selbstwollend freiwillig tragen, die erndet er: eiserne Rechte,
Tolle Gerichtstellen kennt er nicht, nicht Documenten Behälter.
Andre treiben mit Rudern unwegsame Fluthen, und stürzen
Sich ins Schwerdt; und bringen zum Hof- und Vorsaal der Fürsten:
Dieser sucht Städte, betrübte Familien, bloß durch Verheerung, 505
Um aus Juwelen zu trinken, auf Tyrischem Purpur zu schlafen.
Jener sammlet sich Schäze, und brütet auf heimlichem Golde.
Dieser staunt bestürzt vor dem Redestul: jener steht gaffend,
Denn wiederholtes Geklatsche der Schaaren des Volks und der Väter
Reißt ihn hin. Befleckt mit Bruderblut freuen sich andre, 510
Tauschen Verbannung für Haus und Hof, und liebliche Heimath;
Suchen dann unter dem fremden Himmel ein Vaterland wieder.
Aber der Landmann zertheilt mit krummem Pfluge die Erde.
Hier ist Arbeit fürs Jahr: sie nähret den Staat und die kleinen
Enkel; hier die Heerden von Ochsen, verdienstvolle Farren. 515
Da ist kein Stillstand, entweder schwelgt die Jahrszeit in Obstfrucht,
Oder in Viehzucht, oder in Garben von Halmen der Ceres:
Daß sie die Furchen mit Früchten belaste, dann Scheuern zersprenge.
Kommt der Winter, so mahlt man Sicyons Beer auf der Oelmühl,
Froh kömt das Schwein aus der Mast, und Hagäpfel liefern die Wälder:
Auch der Herbst bringt mancherlei Früchte, denn in der Höhe 521

Mitis in apricis coquitur vindemia saxis.
. Interea dulces pendent circum oscula nati:
Casta pudicitiam servat domus: ubera vaccae
525 Lactea demittunt: pinguesque in gramine laeto
Inter se adversis luctantur cornibus haedi.
Ipse dies agitat festos: fususque per herbam,
Ignis ubi in medio, & socii cratera coronant,
Te, libans, Lenaee, vocat: pecorisque magistris
530 Velocis jaculi certamina ponit in ulmo:
Corporaque agresti nudant praedura palaestra.

Hanc olim veteres vitam coluere Sabini:
Hanc Remus & frater: sic fortis Etruria crevit:
Scilicet & rerum facta est pulcherrima Roma,
535 Septemque una sibi muro circumdedit arces.
Ante etiam sceptrum Dictaei regis, & ante
Impia quam caesis gens est epulata juvencis,
Aureus hanc vitam in terris Saturnus agebat.
Nec dum etiam audierant inflari classica, nec dum
540 Impositos duris crepitare incudibus enses.
Sed nos immensum spatiis confecimus aequor:
Et jam tempus equum fumantia solvere colla.

Wird die milde Traube an sonnichten Felsen gezeitigt.
Liebliche Kinder hangen indessen an küssenden Lippen:
Keuschheit bewahrt das züchtige Haus: die Küh senken abwärts
Euter voll Milch; im grünenden Grase kämpfen die fetten   525
Böcke, sie kehren einander entgegen die feindlichen Hörner;
Er veranstaltet festliche Tage, auf Gras hin gelagert,
In der Mitte das Feuer, krönen ihm Freunde die Becher,
Opfernd ruft er Lenäus dich an, und den Hirten der Heerde
Sezt er am Ulmbaum ein Ziel zum Wettstreit flüchtiger Pfeile; 530
Und er entblöst die gehärteten Körper zum ländlichen Kampfspiel.
Diese Lebensart liebten vor Zeiten die alten Sabiner;
Remus auch und sein Bruder: das starke Etrurien wuchs so;
Eben so ist auch Rom unter allen die schönste geworden,
Mit einer Mauer hat es sich sieben Gipfel umschlossen.   535
Eh der Dictäische König regierte, und ebenfalls ehe
Lieblose Völker das abgeschlachtete Rindvieh verschmausten,
Führte der goldne Saturn auf Erden das nämliche Leben.
Damals hörte man nicht das Lärmhorn blasen, und damals
Nicht das Schmieden der Schwerdter auf harten Ambosen klirren. 540
Doch ich hab eine unermäßliche Fläche durchlaufen;
Und es ist Zeit daß die dampfende Mähnen der Pferde nun ruhen.

VIRGILII GEORGICON

LIBER III.

ARGUMENTUM.

Exordium tria continet: invocationem Deorum, qui pabulo & pecorum pastui praesident: deinde laudes Octaviani: denique invitationem Maecenatis, cujus jussu susceptum id operis fuisse, rursus testatur. Sequuntur praeceptiones de cultura pecorum, quatuor in partes distinctae. I. Agit de bobus & equis. II. De ovibus & capris. III. De canibus. IV. De rebus pecori infestis; nempe serpentibus, scabie, febri, ac peste: quae pestis descriptio epilogi locum obtinet. Sparsae sunt praeterea toto libro fusiores, oblectationis caussa, descriptiones: quasi quaedam diverticula. Talis est descriptio cursus equestris, v. 103. Asili sive oestri, v. 146. Taurorum amantium, v. 217. Furiarum amoris, v. 242. Scythicae hiemis, v. 349.

Virgils
Georgicon

III. Buch.

Inhalt des dritten Gesangs.

Der Eingang enthält drei Stücke: nämlich die Anrufung der Götter, welche dem Futter und den Viehweiden vorstehen: dann das Lob des Augusts: und endlich die Einladung des Mäzens, wo er wiederum bezeugt, daß er auf dessen Befehl dies Werk unternommen habe. Dann folgen die in vier Theile abgetheilte Regeln der Viehzucht. 1) Handelt er von Ochsen und Pferden, 2) von Schaafen und Ziegen, 3) von Hunden, und 4) von Sachen die dem Vieh schädlich sind; als Schlangen, Kräze, Fieber, und Viehseuche: die Beschreibung dieser leztern macht den Beschluß aus. Ueberdas hat er auch zur Belustigung hin und wieder im ganzen Gesang umständliche Gemälde, als so viel Ruheplätze mit eingestreuet: Zum Beispiel das Wettrennen, N. 103. Die Beschreibung des Asilos oder Oesters, N. 147. Der liebenden Ochsen, N. 217. Der Rasereien der Liebe, N. 242. und des Scythischen Winters, N. 349.

Te quoque, magna Pales, & te memorando canemus
Pastor ab Amphryso: vos, silvae amnesque Lycei.
Cetera, quae vacuas tenuissent carmine mentes,
Omnia jam vulgata. Quis aut Eurysthea durum,
5 Aut illaudati nescit Busiridis aras?
Cui non dictus Hylas puer, & Latonia Delos?
Hippodameque, humeroque Pelops insignis eburno,
Acer equis? Tentanda via est, qua me quoque possim
Tollere humo, victorque virum volitare per ora.
10 Primus ego in patriam mecum, modo vita superfit,
Aonio rediens deducam vertice Musas:
Primus Idumaeas referam tibi, Mantua, palmas:
Et viridi in campo templum de marmore ponam
Propter aquam, tardis ingens ubi flexibus errat
15 Mincius, & tenera praetexit arundine ripas.
In medio mihi Caesar erit, templumque tenebit.
Illi victor ego, & Tyrio conspectus in ostro
Centum quadrijugos agitabo ad flumina currus.
Cuncta mihi, Alpheum linquens lucosque Molorchi,
20 Cursibus & crudo decernet Graecia cestu.
Ipse caput tonsae foliis ornatus olivae,
Dona feram. Jam nunc solemnes ducere pompas
Ad delubra juvat, caesosque videre juvencos:
Vel scena ut versis discedat frontibus, utque
25 Purpurea intexti tollant aulaea Britanni.
In foribus pugnam ex auro solidoque elephanto
Gangaridum faciam, victorisque arma Quirini:
Atque hic undantem bello, magnumque fluentem

Grose Pales auch dich, und dich ruhmwürd'ger Schäfer
Am Amphrysus, besing ich: euch Wälder und Flüß' des Lycäus.
Alles übrige was durch Gedicht noch müßige Geister
Hätte belustigt, ist schon bekannt. Wer kennt nicht den strengen
Eurystheus, die Altäre des Lobsunwürdgen Busiris? 5
Wem ist Hylas der Knab nicht bekannt, das Latonische Delos,
Hippodame, Pelops durch die Schulter von Helfenbein ruhmvoll,
Rasch zu Pferde? auch ich such den Weg wo ich mich aus dem Staube
Könne erheben, als Meister durch Männer Lippen zu schwärmen.
Wenn ich lebe so will ich der Erste seyn der auf der Rückkehr 10
Vom Aonischen Gipfel die Musen mit sich nach Haus führt:
Ich will zuerst Idumäische Palmen dir Mantua bringen:
Bauen will ich auf grüner Flur einen Tempel von Marmor
Nah ans Wasser, wo in langsamen Krümmen der grose
Mincius irrt, und mit zartem Schilf die Ufer bedecket. 15
Cäsar steht in der Mitten, er waltet als Gott in dem Tempel.
Ihm zu Ehren erschein ich im Tyrischen Purpur als Sieger,
Jage dann hundert Wagen mit Vieren bespannt an den Fluß hin.
Und das gesammte Griechenland soll mir den Alpheus, Molorchus
Wälder verlassend, mit Rennen und rauhen Streitkolben kämpfen. 20
Ich das Haupt mit gestreifelten Blättern des Oelbaums gezieret
Bringe das Opfer. Jezt schon führte ich gern den erhabnen
Aufzug zum Tempel, und sähe gern die geschlachteten Stiere:
Oder wie durchs Verdrehen der Schaubühn die Vorstellung schwindet;
Eingewürkte Pritten den purpurnen Vorhang hinauf ziehn. 25
Auf die Thorflügel bild ich aus Gold und Helfenbein jene
Schlacht mit den Gangariden, die Waffen des Siegers Quirinus:
Dann auch den Nil wie er wallet vom Kriege, und mächtig dahin strömt,

Nilum, ac navali furgentes aere columnas.
30 Addam urbes Afiae domitas, pulfumque Niphaten,
Fidentemque fuga Parthum verfisque fagittis,
Et duo rapta manu diverfo ex hofte tropaea,
Bisque triumphatas utroque ab littore gentes.
Stabunt & Parii lapides, fpirantia figna,
35 Affaraci proles, demiffaeque ab Jove gentis
Nomina, Trosque parens, & Trojae Cynthius auctor.
Invidia infelix furias amnemque feverum
Cocyti metuet, tortosque Ixionis angues,
Immanemque rotam, & non exfuperabile faxum.
40 Interea Dryadum filvas faltusque fequamur
Intactos, tua, Maecenas, haud mollia juffa.
Te fine nil altum mens inchoat. En age fegnes
Rumpe moras: vocat ingenti clamore Cithaeron,
Taygetique canes, domitrixque Epidaurus equorum,
45 Et vox adfenfu nemorum ingeminata remugit.
Mox tamen ardentes adcingar dicere pugnas
Caefaris, & nomen fama tot ferre per annos,
Tithoni prima quot abeft ab origine Caefar.
Seu quis, Olympiacae miratus praemia palmae,
50 Pafcit equos; feu quis fortes ad aratra juvencos,
Corpora praecipue matrum legat. Optima torvae
Forma bovis, cui turpe caput, cui plurima cervix,
Et crurum tenus a mento palearia pendent.
Tum longo nullus lateri modus: omnia magna:
55 Pes etiam, & camuris hirtae fub cornibus aures.
Nec mihi difpliceat maculis infignis & albo,
Aut juga detrectans; interdumque afpera cornu,

Virgils Georgicon. III. Buch.

Nebst den steigenden Säulen aus Erz von Schiffen gegossen.
Dann auch Asiens eroberte Städt' den geschlagnen Niphates, 30
Den auf die Flucht vertrauenden Parther, der rückwärts den Pfeil schießt,
Zwiefachen Siegspuz entfernten Feinden mit Händen geraubet;
Zween Triumph' über Völker vom ost- und westlichen Ufer.
Athmende Bilder sollen da stehn von Parischem Marmor,
Assarachs Stamm, die Namen des Volks aus Jupiters Lenden 35
Abstammend, Vater Tros, und Cynthius Trojens Erbauer.
Feindliche Mißgunst soll sich für Furien, des Cocytus ernstem
Strom entsezen, für Irions krumm sich windenden Schlangen,
Dann für dem furchtbaren Rad, und unüberwindlichen Steine.
Laßt uns indessen den Wald der Dryaden, und noch nicht besungne 40
Forsten verfolgen, Mäzenas deine nicht leichte Befehle.
Ohn dich beginnt der Geist nichts hohes: Auf und verbanne
Zögernde Trägheit: es rufen mit mächtiger Stimme Citháron
Hunde des Taygets, Epidaurus die Herrschrin der Pferde;
Wälder stimmen mit ein, und brüllen verdoppelt zurücke. 45
Bald auch rüst' ich mich Cäsars hizige Schlachten zu singen,
Um seinen Namen durch Nachruhm auf so viele Jahr zu verbreiten,
Als von dem ersten Ursprung des Tithons Cäsar entfernt ist.

Einer mag Preise olympischer Palmen bewundern, und Pferde,
Oder auch starke Stiere zum Pflügen erziehen; so muß er 50
Sonderlich sehn auf die Körper der Mütter. Der Zuchtkühe beste
Art ist ein furchtbares Ansehn, ein Krekkopf, mit mächtigem Halse,
Wo die Wamme vom Kinn an bis zu den Knieen herabhängt.
Weit ohne Maase sollen die Seiten, alles soll gros seyn,
Auch der Fuß: und bei einwärts gebogenen Hörnern das Ohr rauh. 55
Dann gefällts mir wenn sie vortreflich gezeichnet und weiß ist
Oder dem Joch nicht gehorcht, bisweilen mit Hörnern sich nekket.

VIRGIL. GEORGICON LIB. III.

Et faciem tauro propior, quaeque ardua tota,
Et gradiens ima verrit vestigia cauda.
60 Aetas Lucinam justosque pati hymenaeos
Definit ante decem, post quatuor incipit annos:
Cetera nec foeturae habilis; nec fortis aratris.
Interea, superat gregibus dum laeta juventas,
Solve mares: mitte in Venerem pecuaria primus,
65 Atque aliam ex alia generando suffice prolem.
Optima quaeque dies miseris mortalibus aevi
Prima fugit: subeunt morbi, tristisque senectus:
Et labor, & durae rapit inclementia mortis.
Semper erunt, quarum mutari corpora malis.
70 Semper enim refice: ac, ne post amissa requiras,
Anteveni, & sobolem armento sortire quot annis.
Nec non & pecori est idem delectus equino.
Tu modo, quos in spem statues submittere gentis,
Praecipuum jam inde a teneris impende laborem.
75 Continuo pecoris generosi pullus in arvis
Altius ingreditur, & mollia crura reponit:
Primus & ire viam, & fluvios tentare minaces
Audet, & ignoto sese committere ponti;
Nec vanos horret strepitus. Illi ardua cervix,
80 Argutumque caput, brevis alvus, obesaque terga:
Luxuriatque toris animosum pectus: honesti
Spadices, glaucique; color deterrimus albis,
Et gilvo. Tum si qua sonum procul arma dedere,
Stare loco nescit; micat auribus, & tremit artus;
85 Collectumque premens volvit sub naribus ignem:
Densa juba, & dextro jactata recumbit in armo.

Virgils Georgicon. III. Buch.

Wenn auch das Ansehn dem Stiere sich nähert, erhaben der Wuchs ist,
Und mit dem Büschel des Schwanzes im Wandeln den Fußtritt sie
wegwischt.
Auch das Alter zum Zeugen, zur nüzlichen Feier der Paarung 60
Hört vor dem zehnten Jahr auf, und fängt erst an nach dem Vierten:
Ausser der Zeit sind sie unnüz zum Tragen, zum Pfluge nicht stark gnug.
Binnen der Zeit wenn blühende Jugend die Heerden erfüllet,
Löse die Männchen, und laß deinen Viehstand am ersten zur Paarung.
So versieh dich durch Anzucht mit einem Geschlecht aus dem andern. 65
Jeder der schönsten Tage des Lebens sterblicher Wesen
Fliehet zuerst, und Krankheit, das traurige Alter, und Mühe
Tritt an die Stelle: es reißt sie der unerbittliche Tod hin.
Immer giebts etwas auszumerzen, die Stück zu verwechseln.
Darum erseze auch immer: damit du hernach nichts vermissest, 70
Beuge vor, mach jährlich die Auswahl im Fasel der Heerden.

Eben die nämliche Auswahl beobachtet man bei der Pferdzucht.
Alles was du zur Hofnung zu künftiger Anzucht bestimmest,
Mußt du gleichsam vom Keim an mit äusserster Sorgfalt behandeln.
Gleich von Anbeginn tritt schon ein Füllen von edeler Abkunft 75
Höher auf Fluren einher, und wirft die zärtlichen Schenkel.
Immer trabt es voran, es erkühnt sich die drohenden Flüsse
Durchzuwaden, auf unbekannte Brücken zu wagen:
Leeres Getöse scheuts nicht. Es geht mit erhabenem Nacken,
Spizigem Kopf, mit kurzem Leib, und mastigem Rücken: 80
Seine muthige Brust schwellt an von Muskeln: die schönste
Farb ist röthlich braun, und grau, die schlimmste die weisse,
Auch die falbe. Wenn von weitem die Waffen ertönen
Kann es nicht still stehn: es spizt die Ohren, die Glieder erzittern;
Aus der Nase preßt und wälzt es gesammletes Feuer: 85
Dichte Mähnen schwingt es die rechte Schulter hinüber.

At duplex agitur per lumbos fpina; cavatque
Tellurem, & folido graviter fonat ungula cornu.
Talis Amyclaei domitus Pollucis habenis
90 Cyllarus, &, quorum Graii meminere poëtae,
Martis equi bijuges, & magni currus Achillis.
Talis & ipfe jubam cervice effudit equina
Conjugis adventu pernix Saturnus, & altum
Pelion hinnitu fugiens implevit acuto.
95 Hunc quoque, ubi aut morbo gravis, aut jam fegnior annis
Deficit, abde domo, nec turpi ignofce fenectae.
Frigidus in Venerem fenior, fruftraque laborem
Ingratum trahit: &, fi quando ad praelia ventum eft.
Ut quondam in ftipulis magnus fine viribus ignis,
100 Incaffum furit. Ergo animos aevumque notabis
Praecipue: Hinc alias artes, prolemque parentum:
Et quis cuique dolor victo, quae gloria palmae.
Nonne vides, quum praecipiti certamine campum
Corripuere, ruuntque effufi carcere currus,
105 Quum fpes arrectae juvenum, exultantiaque haurit
Corda pavor pulfans: illi inftant verbere torto,
Et proni dant lora: volat vi fervidus axis.
Jamque humiles, jamque elati fublime videntur
Aëra per vacuum ferri, atque adfurgere in auras.
110 Nec mora, nec requies. At fulvae nimbus arenae
Tollitur: humefcunt fpumis, flatuque fequentum.
Tantus amor laudum, tantae eft victoria curae.
Primus Erichthonius currus & quatuor aufus
Jungere equos, rapidisque rotis infiftere victor.
115 Frena Pelethronii Lapithae, gyrosque dedere

Ueber die Lenden erstreckt sich der doppelte Rückgrab, den Boden
Höhlt es, er hallet gewaltig vom festen Horne des Hufes.
So war der Cyllar vom Zügel des Ampcläischen Pollux
Ehmals gezähmt, und die Rosse von griechischen Dichtern besungen, 90
Mavors Doppelgespann, der Wagen des grosen Achilles.
Solch ein Roß war selbst der rasche Saturn bei der Ankunft
Seiner Gattin, mit fliegenden Mähnen am Halse entrinnend
Füllt' er den hohen Pelion an mit lautem Gewieher.
Wenn auch ein Pferd durch Krankheiten steif, und träger durch Jahre 95
Schwach wird, so schaffe es ab, ohne Rücksicht aufs traurige Alter.
Denn das Bejahrte ist kalt zur Liebe, es schleppet vergebens
Schwere Lasten: und wenn es auch einmal zum Kampfe sich anschickt,
Wie in den Stoppeln zuweilen ein groses doch kraftloses Feuer,
Eben so tobt es vergeblich. Bemerke deswegen vorzüglich 100
Alter und Muth: dann andre Gaben, den Fasel der Eltern,
Wie Ueberwindung ein jedes betrauert, der Palmen sich freuet.
Siehst du nicht wie sie im stürmenden Wettlauf dem Felde entgegen
Streben, die den Schranken entströmende Wagen dahin fliehn,
Wie bald stärkende Hofnung, bald pochender Schrecken, der Jugend 105
Jubelnde Herzen ergreift: man treibt mit geflochtener Peitsche,
Vorhängend läßt man die Zügel, mit Kraft fliegt die brennende Achse.
Jezt gebückt, und jezt in die Höhe ausgereckt, dünkt uns
Wie sie in eitelen Lüften dahin führn, sich aufwärts erhöben.
Da ist kein Rast, keine Ruh, die Wolke des gelblichen Sandes 110
Steigt, die vordern sind naß vom Schaum, vom Schnauben der hintern.
Welch eine Liebe zum Ruhm, wie gros der Eifer zum Siege?
Erst erfand Erichthon den Wagen, und wagt es vier Pferde
Vorzuspannen, auf flüchtigen Pferden den Sieg zu erstreben.
Zaum und Wendung im Kreise erfand der Lapithe Pelethrons 115

G

Impositi dorso, atque equitem docuere sub armis
Insultare solo, & gressus glomerare superbos.
Aequus uterque labor: aeque juvenemque magistri
Exquirunt, calidumque animis, & curfibus acrem.
120 Quamvis saepe fuga versos ille egerit hostes,
Et patriam Epirum referat, fortesque Mycenas;
Neptunique ipsa deducat origine gentem.
His animadversis instant sub tempus, & omnes
Impendunt curas denso distendere pingui,
125 Quem legere ducem, & pecori dixere maritum:
Pubentesque secant herbas, fluviosque ministrant,
Farraque: ne blando nequeat superesse labori;
Invalidique patrum referant jejunia nati:
Ipsa autem macie tenuant armenta volentes.
130 Atque, ubi concubitus primos jam nota voluptas
Sollicitat, frondesque negant, & fontibus arcent:
Saepe etiam cursu quatiunt, & sole fatigant,
Quum graviter tunsis gemit area frugibus, & quum
Surgentem ad Zephyrum paleae jactantur inanes.
135 Hoc faciunt, nimio ne luxu obtusior usus
Sit genitali arvo & sulcos oblimet inertes:
Sed rapiat sitiens Venerem, interiusque recondat.
Rursus cura patrum cadere, & succedere matrum
Incipit. Exactis gravidae quum mensibus errant,
140 Non illas gravibus quisquam juga ducere plaustris,
Non saltu superare viam sit passus, & acri
Carpere prata fuga, fluviosque innare rapaces.
Saltibus in vacuis pascant, & plena secundum
Flumina: muscus ubi, & viridissima gramine ripa,

Auf dem Rücken sizend; er lehrte bewafnete Reuter
Ueber den Boden sprengen, und traben mit prächtigen Schritten.
Beiderlei Absicht ist eins; zu jeder erwählt sich der Meister
Junge Pferde, bizig von Muth, und heftig zum Wettlauf.
Hier ists nicht gnug den fliehenden Feind verfolget zu haben,   120
Aus Epirus herzustammen, von starken Mycenern,
Oder gar den Stammbaum aus Neptuns Quell abzuleiten.
Wenn dies alles beobachtet ist, so muß man bei Zeiten
Alle Sorgfalt auf den verwenden, und mastig ihn füttern,
Den man zum Führer erwählt, der Heerde zum Manne ernannt hat. 125
Buchsige Gräser mäht man, und tränkt ihn mit Wasser des Baches,
Giebt ihm Körner, damit ihn das süse Geschäft nicht entkräfte,
Und man an kraftlosen Jungen das Fasten der Väter nicht merke.
Aber die Weibchen werden mit Vorsaz mager gefüttert.
Wenn der gewohnte Trieb zur Paarung zu reizen beginnet,   130
Dann entzieht man ihnen das Futter, enthält sie der Quellen,
Läst sie sich stark bewegen im Lauf, in der Sonn sich ermüden,
Wenn die Tenne vom Dreschen der Früchte gewaltig erseufzet,
Und die leeren Spreuer bei kommendem Weste verstieben.
Dieses geschieht, damit nicht in schwelgender Lust die Gewohnheit 135
Schwäche das zeugende Feld, nicht kraftlose Furchen verschlemme:
Durstend soll es die Saat empfangen, und in sich verschliesen.
Jezt läst die Wartung der Väter nach, die der Mütter beginnet,
Wenn sie nach vollendeten Monaten trächtig umher gehn,
Dann leide niemand daß sie das Joch belasteter Wagen   140
Ziehen, oder im Sprung den Weg übersezen, in schneller
Flucht die Wiesen durchrennen, und schwimmen in reissenden Flüssen.
Läst sie weiden in räumlichen Forsten, und nahe an vollen
Flüssen, wo Moos und die grünsten Gräser dem Ufer nicht fehlen:

145 Speluncaeque tegant, & saxea procubet umbra,
Est lucos Silari circa ilicibusque virentem
Plurimus Alburnum volitans, cui nomen asilo
Romanum est, oestrum Graii vertere vocantes;
Asper, acerba sonans: quo tota exterrita silvis
150 Diffugiunt armenta; furit mugitibus aether
Concussus, silvaeque, & sicci ripa Tanagri.
Hoc quondam monstro horribiles exercuit iras
Inachiae Juno pestem meditata juvencae.
Hunc quoque, nam mediis fervoribus acrior instat,
155 Arcebis gravido pecori, armentaque pasces
Sole recens orto, aut noctem ducentibus astris.
Post partum cura in vitulos traducitur omnis:
Continuoque notas & nomina gentis inurunt:
Et quos aut pecori malint submittere habendo,
160 Aut aris servare sacros, aut scindere terram,
Et campum horrentem fractis invertere glebis.
Cetera pascuntur virides armenta per herbas:
Tu quos ad studium atque usum formabis agrestem,
Jam vitulos hortare, viamque insiste domandi,
165 Dum faciles animi juvenum, dum mobilis aetas.
Ac primum laxos tenui de vimine circlos
Cervici subnecte: dehinc, ubi libera colla
Servitio adsuerint, ipsis e torquibus aptos
Junge pares, & coge gradum conferre juvencos:
170 Atque illis jam saepe rotae ducantur inanes
Per terram, & summo vestigia pulvere signent.
Post valido nitens sub pondere faginus axis
Instrepat, & junctos temo trahat aereus orbes.

Wo sie Höhlen bedecken, ein Felsenschatten sich hinstreckt. 145
Um des Silars Gewäld, wo von den Stein= Eichen Alburn
Immer grün ist, schwirrt ein Insekt sehr häufig, man heißt es
Römisch Asilus, die Griechen aber benennen es Oestron;
Feindselig schnurrend sticht es; erschrocken zerstäuben in Wäldern
Ganze Heerden; es tobt der erschütterte Aether vom lauten 150
Brüllen, es toben die Wälder und Ufer des trocknen Tanagers.
Durch dies Unthier übte ehmals die schrecklichste Rache
An der Inachischen Kuh, die auf Unglück sinnende Juno.
Darum weil es in brennender Hize am heftigsten wütet,
Mußt du vom trächtigen Vieh es entfernen, die Heerden nur weiden 155
Früh bei kommender Sonne, und wenn das Gestirne die Nacht bringt.
Nach der Geburt wird alle Müh auf die Kälber verwendet:
Und man brennt sogleich die Zeichen, und Namen des Stamms auf:
Denen die man am liebsten zur Anzucht der Heerden erwählte,
Dann den geweihten zum Altar, und denen die Aecker zu pflügen, 160
Stachlichtes Feld durch Zermalmung der Schollen zu wenden, bestimmt
Andre Heerden weiden ruhig im grünenden Grase: (sind.
Aber die, die du zum Fleiß und zum Ackerbau bildest,
Mahne als Kälber schon an, und beharr auf dem Weg der Bezähmung,
Wenn das Gemüth der Jugend noch lenksam ist, folgsam das Alter. 165
Erst nimm weite Reifen aus schlanken Gerten verfertigt,
Knüpf sie um den Hals: hernach wenn der freie Nacken
Sich zur Knechtschaft gewöhnt, mit eben dem Halsband vereinigt
Füg' ein Paar Stiere zusamen, und mach' daß sie gleichförmig schreiten.
Jezt schon läßt man sie oft die leeren Räder herum ziehn, 170
Ueber das Land hin, den obersten Staub nur mit Spuren bezeichnen.
Endlich kann auch die glänzende buchene Achs unter Lasten
Krächzen, es ziehe gepaarte Räder die eherne Deichsel.

Interea pubi indomitae non gramina tantum,
175 Nec vescas salicum frondes, ulvamque palustrem,
Sed frumenta manu carpes sata: nec tibi foetae
More patrum nivea implebunt mulctraria vaccae,
Sed tota in dulces confument ubera natos.
Sin ad bella magis studium, turmasque feroces,
180 Aut Alphea rotis praelabi flumina Pisae,
Et Jovis in luco currus agitare volantes;
Primus equi labor est, animos atque arma videre
Bellantum, lituosque pati; tractuque gementem
Ferre rotam, & stabulo frenos audire sonantes.
185 Tum magis atque magis blandis gaudere magistri
Laudibus, & plausae sonitum cervicis amare.
Atque haec jam primo depulsus ab ubere matris
Audiat, inque vicem det mollibus ora capistris
Invalidus, & jamque tremens, & jam inscius aevi.
190 At, tribus exactis, ubi quarta accesserit aestas,
Carpere mox gyrum incipiat, gradibusque sonare
Compositis, sinuetque alterna volumina crurum;
Sitque laboranti similis: tum cursibus auras
Provocat, ac per aperta volans, ceu liber habenis,
195 Aequora, vix summa vestigia ponat arena:
Qualis, Hyperboreis Aquilo quum densus ab oris
Incubuit, Scythiaeque hiemes atque arida differt
Nubila: tum segetes altae campique natantes
Lenibus horrescunt flabris, summaeque sonorem
200 Dant silvae, longique urgent ad littora fluctus:
Ille volat, simul arva fuga, simul aequora verrens.
Hic vel ad Elei metas, & maxima campi

Bis man die Rinder anführt soll man sie nicht nur mit Gräsern,
Magern Blättern von Weiden, mit Liefchkolben aus den Morästen, 175
Sondern mit zarter Saatfrucht füttern: die milchvollen Kühe
Sollen dir nicht wie ehmals das schneeweiße Melckgeschirr füllen,
Sondern mit ganzem Euter die lieblichen Jungen ernähren.
Geht deine Absicht mehr auf den Krieg, auf stolze Geschwader,
Oder mit Rädern am Strom des Alpheus von Pisa zu rollen 180
Und im Haine des Jupiters fliegende Wagen zu treiben;
Dann ist des Pferdes Erstes, den Muth und die Waffen der Krieger
Anzusehn, zu dulden das Streithorn, im Zug zu ertragen
Knirrende Räder, im Stall zu hören das Klappern der Zäume.
T aun soll es mehr und mehr sich freuen des schmeichelnden Lobes 185
Seines Gebieters, lieben den Schall des Klatschens am Halse.
Dieses soll es schon gleich beim Entwöhnen vom Euter der Mutter
Hören, zuweilen den Kopf dem weichen Halfter ergeben
Wenn es noch schwach ist, noch zittert, und noch seine Kräfte nicht kennet.
Aber nach dreien Sommern, und wenn der Vierte herannaht, 190
Fang es bald an im Kreise zu laufen, gemessene Schritte
Sollen nun schallen, es biege wechslend die Massen der Schenkel;
Und es sei gleich einem Roß in der Arbeit: dann fordr' es im Laufe
Wehende Luft auf, als wär es zügelloß, flieg es durchs weite
Feld hin, es drücke kaum den Fußtritt dem obersten Sand ein. 195
Wie der durchdringende Nordwind von Hyperboreischen Gränzen
Hoch einher treibt, Scythische Wetter zertheilet, und trockne
Nebel: dann kräuseln sich hohe Saaten, und schwimmende Felder
In dem linden Flattern des Windes, der oberste Hochwald
Rauscht, und Wellenstreifen treiben von fernher aus Ufer: 200
Er aber fleucht auf der Flucht, bald Fluten, bald Meere durchstreichend.
Solch ein Pferd wird das Ziel des Elischen Feldes, und den größten

Sudabit spatia, & spumas aget ore cruentas:
Belgica vel molli melius feret esseda collo.
205 Tum demum crassa magnum farragine corpus
Crescere jam domitis finito: namque ante domandum
Ingentes tollent animos; prensique negabunt
Verbera lenta pati, & duris parere lupatis.
Sed non ulla magis vires industria firmat,
210 Quam Venerem & caeci stimulos avertere amoris,
Sive boum, sive est cui gratior usus equorum.
Atque ideo tauros procul atque in sola relegant
Pascua, post montem oppositum, & trans flumina lata:
Aut intus clausos satura ad praesepia servant.
215 Carpit enim vires paullatim, uritque videndo
Femina: nec nemorum patitur meminisse, nec herbae.
Dulcibus illa quidem illecebris & saepe superbos
Cornibus inter se subigit decernere amantes.
Pascitur in magna silva formosa juvenca:
220 Illi alternantes multa vi praelia miscent
Vulneribus crebris: lavit ater corpora sanguis,
Versaque in obnixos urgentur cornua vasto
Cum gemitu: reboant silvaeque & longus Olympus.
Nec mos bellantes una stabulare: sed alter
225 Victus abit, longeque ignotis exulat oris;
Multa gemens, ignominiam, plagasque superbi
Victoris; tum, quos amisit inultus, amores;
Et stabula adspectans regnis excessit avitis.
Ergo omni cura vires exercet, & inter
230 Dura jacet pernox instrato saxa cubili,
Frondibus hirsutis & carice pastus acuta:

Raum durchschwizen, und blutigen Schaum auf den Lefzen erzeugen:
Belgische Wagen erträgt es besser am zärtlichen Halse.
Dann erst laß den grosen Körper durch kräftige Mengfrucht 205
Zunehmen, wann die Reitschul zu End ist: denn eh er gezähmt ist,
Würd' er viel zu wild werden; wenn man ihn haschte so würd' er
Schmeidige Peitschen nicht leiden, dem scharfen Gebiß nicht gehorchen.
Aber die ämsigste Sorgfalt stärkt nicht so sehr ihre Kräfte,
Als das Verhindern der Paarung, des Reizes verborgener Liebe: 210
Dies gilt immer, es mag einer Pferd oder Ochsen erziehen.
Man entfernt daher die Stiere auf einsame Weiden,
Auf die andre Seite des Bergs, über breite Gewässer:
Oder man hält sie im Stall bei vollen Krippen verschlossen.
Denn das Sehen des Weibchens verzehrt allmählig die Kräfte, 215
Und dörrt aus; es läßt sie nicht denken an Hayne und Gräser.
Durch die süfesten Reize treibt es auch öfters die stolzen
Liebhaber, daß sie sich unter einander mit Hörnern bekämpfen.
Im geräumigen Walde weidet die bildschöne Sterke:
Jene vermischen wechslend durch viele Kraft mit dem Kämpfen 220
Häufige Wunden: schwarzes Geblüt bespület den Körper;
Widerwärtiges Gehörne bringt in die Kämpfer mit lautem
Brüllen, die Wälder, der weite Olympus böllerns zurück.
Auch ists nicht bräuchlich, daß Kämpfer beisammen stallen: der eine
Weicht besiegt, und weit entflieht er in fremde Gefilde, 225
Vieles beseufzt er, Schmach, empfangene Stöse vom stolzen
Sieger; bann daß er ungerochen sein Liebchen verlohren hat;
Schielend nach dem Stall, dem Reich der Väter entflohn ist.
Darum übt er mit allem Fleiß seine Kraft, zwischen harten
Steinen liegt er die Nacht durch auf ungestreuetem Lager, 230
Und er nährt sich mit rauhem Gesträuche, und schneidendem Schilfgras:

G 5

Et tentat sese, atque irasci in cornua discit
Arboris obnixus trunco: ventosque lacessit
Ictibus, & sparsa ad pugnam proludit arena.
235 Post, ubi collectum robur, viresque refectae,
Signa movet, praecepsque oblitum fertur in hostem:
Fluctus ut, in medio coepit quum albescere ponto,
Longius, ex altoque sinum trahit; utque volutus
Ad terras, immane sonat per saxa, neque ipso
240 Monte minor procumbit: at ima exaestuat unda
Verticibus, nigramque alte subjectat arenam.
Omne adeo genus in terris hominumque ferarumque,
Et genus aequoreum, pecudes, pictaeque volucres,
In furias ignemque ruunt. Amor omnibus idem.
245 Tempore non alio catulorum oblita leaena
Saevior erravit campis: nec funera vulgo
Tam multa informes ursi stragemque dedere
Per silvas. Tum saevus aper, tum pessima tigris,
Heu! male tum Libyae solis erratur in agris.
250 Nonne vides, ut tota tremor pertentet equorum
Corpora, si tantum notas odor attulit auras!
Ac neque eos jam frena virum, neque verbera saeva,
Non scopuli, rupesque cavae, atque objecta retardant
Flumina, correptosque unda torquentia montes:
255 Ipse ruit, dentesque Sabellicus exacuit sus,
Et pede prosubigit terram, fricat arbore costas,
Atque hinc atque illinc humeros ad vulnera durat.
Quid juvenis, magnum cui versat in ossibus ignem
Durus amor? nempe abruptis turbata procellis
260 Nocte natat caeca serus freta: quem super ingens

Dann versucht er sich, übt sich zum Grell gegen feindliche Hörner,
Wenn er gegen den Baumstamm strebt: und er fordert mit Stösen
Winde heraus, und stäubet zum Vorspiel des Kampfes den Sand auf.
Wann er dann wieder die Stärke gesamlet, an Kraft sich erholt hat, 235
Dann rückt er aus, und stürzt sich mit Eil auf den sorglosen Feind hin.
Wie eine Woge wenns weit hin im Meer beginnt weislicht zu werden,
Auf der Höhe im Bogen einher zieht; wie sie sich hinwälzt
Gegen das Land, erschrecklich brüllt sie in Felsen, nicht kleiner
Als ein Gebirg' entsinkt sie: es tobt das tiefste Gewässer 240
Wirbelnd empor, und stößt den schwarzen Sand in die Höhe.
Jedes Geschlecht auf Erden der Menschen, der Thiere des Waldes,
Dann die Geschlechter des Meers, das Hausvieh, das bunte Geflügel,
Stürzt sich in Wuth und Brunst: und gleich ist die Liebe bei allen.
Selbst die Löwin irrt sonst nicht ihre Jungen vergessend 245
Wilder im Felde herum: und nie findet man allenthalben
So viele Leichen und Mord von scheuslichen Bären im Walde
Ausgeübt: Dann ist wütend der Eber, der Tiger am schlimmsten.
Ach! dann ists übel wandeln auf Lybischen Feldern.
Siehst du nicht wie ein Zittern den ganzen Körper der Pferde, 250
Wenn ihr Geruch die bekannte Ausdünstung wittert, durchschauert?
Dann hält kein Zaum der Männer sie auf, keine wütende Peitsche,
Weder Klippe, noch Steinkluft, noch Ströme die vor ihnen herziehn,
Auch nicht von Wirbeln der Wasserfluth abgerissene Berge.
Selbst das Sabellische Schwein stürzt hin, und wezet die Waffen, 255
Scharrt dann die Erd' mit dem Fuß auf, und reibt die Seiten am Baume,
Dadurch schwielt es hie und da die Schultern zum Kampfe.
Was thut der Jüngling, wenn mächtige Glut, die grausame Liebe
Wühlt im Gebein? in empörter Nacht von den Stösen des Sturmwinds
Schwimmt er spät auf trüglichen Wellen; es donnert des Himmels 260

Porta tonat caeli, & scopulis illisa reclamant
Aequora; nec miseri possunt revocare parentes,
Nec moritura super crudeli funere virgo.

Quid Lynces Bacchi variae, & genus acre luporum,
265 Atque canum? quid, quae imbelles dant praelia cervi?
Scilicet ante omnes furor est insignis equarum:
Et mentem Venus ipsa dedit, quo tempore Glauci
Potniades malis membra absumsere quadrigae.
Illas ducit amor trans Gargara, transque sonantem
270 Ascanium: superant montes, & flumina tranant.
Continuoque avidis ubi subdita flamma medullis,
Vere magis (quia vere calor redit ossibus) illae
Ore omnes versae in Zephyrum stant rupibus altis,
Exceptantque leves auras: & saepe sine ullis
275 Conjugiis, vento gravidae (mirabile dictu)
Saxa per & scopulos & depressas convalles
Diffugiunt; non, Eure, tuos, neque solis ad ortus;
In Borean Caurumque, aut unde nigerrimus Auster
Nascitur, & pluvio contristat frigore caelum.
280 Hinc demum, hippomanes vero quod nomine dicunt
Pastores, lentum destillat ab inguine virus:
Hippomanes, quod saepe malae legere novercae,
Miscueruntque herbas, & non innoxia verba.
Sed fugit interea, fugit irreparabile tempus,
285 Singula dum capti circumvectamur amore.

Hoc satis armentis. Superat pars altera curae,
Lanigeros agitare greges, hirtasque capellas.
Hic labor: hinc laudem fortes sperate coloni.
Nec sum animi dubius, verbis ea vincere magnum

Schreckliches Thor über ihm, das Schlagen des Meers an die Felsen
Brüllet zurück; nichts hilft das Rufen der kläglichen Eltern,
Und des bald sterbenden Mädchens auf seiner grausamen Leiche.
Was thun die mancherlei Luchse des Bacchus, die grimmigen Wölfe,
Und die Hunde? wie kämpfen die sonst so friedsamen Hirsche? 265
Aber doch ist für allen die Brunst der Stuten am grösten:
Venus selbst gab ihnen die Neigung, als ehmals Potneens
Vier Gespann mit den Kiefern die Glieder des Glaucus zersezte.
Ueber den Gargarus, und des Ascanius wildes Gebrause
Führt sie die Lieb: sie ersteigen Gebirge, und schwimmen durch Flüsse. 270
Anfänglich wenn im lechzenden Mark die Flamme sich einschleicht,
Sonderlich Frühlings (denn jezt kehrt die Hize zurück ins Gebeine)
Stehen sie alle das Maul gegen West gekehrt hoch auf den Felsen.
Leichte Lüfte schnaufen sie ein: sie werden oft trächtig
Ganz ohne Paarung vom Winde, (wunderbar ist es zu sagen) 275
Ueber Stock und Stein, über Berge und niedrige Thäler
Fliehn sie; nicht dir Eurus, dem Aufgang der Sonn' nicht entgegen;
Sondern in Norden, in Westen, und wo der schwärzeste Südwind
Herkommt, wenn er mit Regen und Kühlung den Himmel beschleiert.
Endlich bemerkt man das Hippomanes, so nennen den wahren 280
Namen die Hirten, es triefet wie zäher Eiter vom Schaamglied.
Dies Hippomanes wählen die unholden Stiefmütter öfters,
Mischen daun Kräuter dazu, und schädliches Zaubergemurmel.
Doch es schwindet indessen die unwiederbringliche Zeit hin,
Da wir von Liebe befangen, alles und jedes durchschweifen. 285
Gnug vom grosen Vieh: noch ein Theil der Sorge ist übrig,
Wollichte Heerden fleißig zu pflegen, und zottichte Ziegen.
Hier giebts Arbeit: hier Ehre zu hoffen ihr nervichte Bauern.
Ich empfinde sehr wohl wie schwer es sei dieses mit Worten

290 Quam sit, & angustis hunc addere rebus honorem.
Sed me Parnassi deserta per ardua dulcis
Raptat amor; juvat ire jugis, qua nulla priorum
Castaliam molli devertitur orbita clivo.
Nunc, veneranda Pales, magno nunc ore sonandum.
295 Incipiens stabulis edico in mollibus herbam
Carpere oves, dum mox frondosa reducitur aestas:
Et multa duram stipula filicumque maniplis
Sternere subter humum, glacies ne frigida laedat
Molle pecus, scabiemque ferat, turpesque podagras.
300 Post hinc digressus jubeo frondentia capris
Arbuta sufficere, & fluvios praebere recentes;
Et stabula a ventis hiberno opponere soli
Ad medium conversa diem: quum frigidus olim
Jam cadit, extremoque irrorat Aquarius anno.
305 Hae quoque non cura nobis leviore tuendae;
Nec minor usus erit: quamvis Milesia magno
Vellera mutentur Tyrios incocta rubores.
Densior hinc soboles: hinc largi copia lactis.
Quam magis exhausto spumaverit ubere mulctra;
310 Laeta magis pressis manabunt flumina mammis.
Nec minus interea barbas incanaque menta
Cinyphii tondent hirci, setasque comantes,
Usum in castrorum, & miseris velamina nautis.
Pascuntur vero silvas, & summa Lycaei,
315 Horrentesque rubos, amantes ardua dumos.
Atque ipsae memores redeunt in tecta, suosque
Ducunt, & gravido superant vix ubere limen.
Ergo omni studio glaciem ventosque nivales,

Auszudrücken, so schwierigen Sachen Würde zu geben. 290
Aber mich reißt der Wonnetrieb hin durch erhabene Wüsten
Auf dem Parnaß: das Klettern thut wohl, wo sich niemals der Alten
Radspur am sanften Abhäng zur Quelle Castaliens hinzog.
Nun ehrwürdige Pales, jezt tönt dir die mächtige Stimme.
Anfangs behaupt' ich sollen in weichen Ställen die Schaafe 295
Kräuter geniesen, bis bald der blattreiche Sommer zurückkommt:
Auch soll man viel Stroh und Bündel von Farrenkraut streuen
Ueber den Estrich, damit nicht gefrorne Nässe das zarte
Thier verleze, die Kräz' und entstellendes Juckweh erzeuge.
Doch ich geh weiter und will daß man mit Hagedorn Blättern 300
Ziegen reichlich füttre, mit frischem Bachwasser tränke;
Und die Ställe vom Wind ab, der Wintersonne entgegen
Recht gegen Mittag richte; dann wenn in Zukunft der kalte
Wassermann hinsinkt, und nun das Ende des Jahres beträuselt.
Diese Thiere gehörig zu pflegen ist eben so leicht nicht, 305
Auch ist der Nuzen nicht klein: denn laßt auch Milesische Wolle
Tyrisch roth gefärbt, durch Großhandel abgesezt werden.
Hier giebts häufigen Fasel; und Milch in grösester Menge.
Denn jemehr von erschöpftem Euter das Milchgefäß schäumet,
Desto mehr rinnen durchs Streifen der Zizen erquickende Ströme. 310
Ja man scheert so gar das eisgraue Kinn und die Bärte
Auch das lange lockichte Haar der Cinpphischen Böcke,
Zum Gebrauch im Lager, zur Hüll' mühseligen Schiffern.
Sie beweiden die Wälder, die höchsten Lycäischen Gipfel,
Stachlichte Brombeern, sie lieben den Dornbusch der gern in der Höh
wächst.
Selbst ihrer Heimath eingedenk kehren sie wieder, die Jungen 316
Bringen sie mit, das schwere Euter ersteigt kaum die Schwelle.
Darum beschüz' sie mit Fleiß für dem Eis und den schneeichten Winden,

Quominus eft illis curae mortalis egeftas,
320 Avertes: victumque feres, & virgea laetus
Pabula; nec tota claudes foenilia bruma.
At vero, Zephyris quum laeta vocantibus aeftas,
In faltus utrumque gregem, atque in pafcua mittes
Luciferi primo cum fidere frigida rura
325 Carpamus, dum mane novum, dum gramina canent,
Et ros in tenera pecori gratiffimus herba.
Inde, ubi quarta fitim caeli collegerit hora,
Et cantu querulae rumpent arbufta cicadae;
Ad puteos, aut alta greges ad ftagna jubeto
330 Currentem ilignis potare canalibus undam:
Aeftibus at mediis umbrofam exquirere vallem,
Sicubi magna Jovis antiquo robore quercus
Ingentes tendat ramos: aut ficubi nigrum
Ilicibus crebris facra nemus adcubet umbra.
335 Tum tenues dare rurfus aquas, & pafcere rurfus
Solis ad occafum: quum frigidus aëra Vefper
Temperat, & faltus reficit jam rofcida luna,
Littoraque Alcyonen refonant, acalanthida dumi.
Quid tibi paftores Libyae, quid pafcua verfu
340 Profequar, & raris habitata mapalia tectis?
Saepe diem noctemque, & totum ex ordine menfem
Pafcitur, itque pecus longa in deferta fine ullis
Hofpitiis: tantum campi jacet. Omnia fecum
Armentarius Afer agit, tectumque, laremque,
345 Armaque, Amyclaeumque canem, Creffamque pharetram.
Non fecus ac patriis acer Romanus in armis,
Injufto fub fafce viam quum carpit, & hofti

Weien sie sonst so wenig der Sterblichen Wartung bedürfen;
Gieb ihnen gern ihre Nahrung, und fröhlich ihr strauchichtes Futter; 320
Und verschließ ihnen nicht den Vorrath des Heues im Winter.
Aber so bald der Westwind die frohe Wärme herbei ruft,
Sollst du beiderlei Heerden in Wälder und Weiden verschicken.
Mit dem Aufgang des Morgensterns soll man das kühle Gefilde
Abweiden, dann ist der Morgen frisch, und die Gräser sind weißlicht, 325
Zärtliche Kräuter sind voll von erquickendem Thau für die Thiere.
Wenn hernach die vierte Stunde des Himmels den Durst bringt,
Und der Cicaden klagend Gezirp aus den Sträuchen hervorbricht;
Dann laß die Heerden an Brunnen, oder am tieferen Weiher
Fließende Wellen durch eichene Röhren hingeführt, trinken; 330
Aber mitten im Sommer sucht man schattichte Thäler,
Wo eine große Jupiters Eiche mit uraltem Stamme
Mächtige Aeste verbreitet; oder wo auch ein dunkler
Hayn mit heiligen Schatten von häufigen Steineichen nah liegt.
Dann giebt man wieder fließendes Wasser, und weidet sie wieder 335
Bis zum Hingang der Sonne: wenn kühlender Abend die Lüfte
Mäßigt, die thauichte Luna nun wieder die Wälder erfrischet,
Ufer vom Eisvogel schallen, vom Goldfinken Dornengebüsche.
Warum soll ich die Lybische Hirten mit ihren Weyden
Singen, bewohnte Karren der Schäfer, die dünne bedeckt sind? 340
Da wird oft Tag und Nacht geweidet, den völligen Monat
Durch, und das Vieh geht weit in entlegene Wüsten, wo keine
Ställ' sind: es liegt auf bloßem Feld: und alles Geräthe
Führt der Viehhirte Afrikas mit sich, sein Haus, seine Götter,
Waffen, den Ampeläischen Hund, und den Cretischen Köcher. 345
So als wenn der muthige Römer in Waffen der Väter
Unter dem drückenden Bündel einher zieht, dem Feind unerwartet

H

Ante exspectatum positis stat in agmine castris.

At non, qua Scythiae gentes, Maeotiaque unda,
350 Turbidus & torquens flaventes Ister arenas,
Quaque redit medium Rhodope porrecta sub axem,
Illic clausa tenent stabulis armenta; neque ullae
Aut herbae campo adparent, aut arbore frondes:
Sed jacet aggeribus niveis informis, & alto
355 Terra gelu late, septemque adsurgit in ulnas.
Semper hiems, semper spirantes frigora Cauri.
Tum sol pallentes haud unquam discutit umbras:
Nec quum invectus equis altum petit aethera: nec quum
Praecipitem Oceani rubro lavit aequore currum.
360 Concrescunt subitae currenti in flumine crustae,
Undaque jam tergo ferratos sustinet orbes,
Puppibus illa prius patulis, nunc hospita plaustris.
Aeraque dissiliunt vulgo, vestesque rigescunt
Indutae, caeduntque securibus humida vina,
365 Et totae solidam in glaciem vertere lacunae,
Stiriaque impexis induruit horrida barbis.
Interea toto non secius aëre ningit:
Intereunt pecudes, stant circumfusa pruinis
Corpora magna boum: confertoque agmine cervi
370 Torpent mole nova, & summis vix cornibus extant.
Hos non immissis canibus, non cassibus ullis,
Puniceaeve agitant pavidos formidine pennae:
Sed frustra oppositum trudentes pectore montem
Cominus obtruncant ferro, graviterque rudentes
375 Caedunt, & magno laeti clamore reportant.
Ipsi in defossis specubus secura sub alta

Steht er schon da mit der Schaar und hat schon das Lager errichtet.
Aber nicht so bei Scythischen Völkern, Mäotischen Wellen,
Wo der trübe Ister im Wirbeln den gelblichen Sand treibt: 350
Und der Rhodop sich herum lenkt, bis unter die Weltar' sich hinstreckt:
Dort wird das grose Vieh in den Ställen gehalten; und dorten
Sieht man kein einziges Kraut im Feld, kein Blatt auf den Bäumen;
Sondern die Erd' liegt durch Haufen von Schnee, und vom dickesten Froste
Weithin entstellt, wohl sieben Ellen ist sie erhöhet. 355
Ewig ists Winter, es haucht der Nordwestwind beständige Kälte.
Dort zertheilet die Sonne niemals die blassere Schatten;
Nicht im Hinauffahrn mit Rossen zum hohen Aether, nicht wenn sie
Taucht den stürzenden Wagen ins Oceans röthliche Fluthen.
Plözliche Eisschollen backen zusammen im fliesenden Strome, 360
Wasser trägt auf dem Rücken mit Eisen beschlagene Räder,
Sonst war sie wirthlich den räumigen Schiffen, nun ist sie's den Wagen.
Vielmals zerspringt das Geräthe von Erz, und die Kleider erstarren
Auf dem Leibe, den nassen Wein zerhäut man mit Aerten,
Und es verwandeln sich ganze Lachen in steiniestes Eisfeld, 365
Zackichte Eiszapfen starren in ungekämmeten Bärten.
Während der Zeit fällt Schnee aus allen Lüften hernieder;
Kleines Vieh geht zu Grund, es stehen mit Reif übergossen
Grose Körper der Ochsen; Hirsche 'n Haufen gedränget
Starren von neuer Last, kaum daß das Geweih' noch hervorragt. 370
So erschrocken plagt man sie nicht durch Hezzen der Hunde,
Oder mit Nezen, und mit dem Scheusal von röthlichen Federn:
Sondern, umsonst mit der Brust widerstehende Schneeberge schiebend
Mordet man sie in der Näh' mit dem Stahl, im heftigen Brüllen
Tödet man sie, und trägt sie mit frohem Gejauchze nach Hause. 375
Aber sie selbst bewohnen gegrabene Höhlen in tiefer

H 2

Otia agunt terra, congestaque robora, totasque
Advolvere focis ulmos, ignique dedere.
Hic noctem ludo ducunt, & pocula laeti
280 Fermento atque acidis imitantur vitea forbis.
Talis Hyperboreo septem subjecta trioni
Gens effrena virum Rhipaeo tunditur Euro,
Et pecudum fulvis velatur corpora faetis.

Si tibi lanicium curae; primum aspera silva,
285 Lappaeque tribulique absint: fuge pabula laeta;
Continuoque greges villis lege mollibus albos.
Illum autem, quamvis aries sit candidus ipse,
Nigra subest udo tantum cui lingua palato,
Rejice, ne maculis infuscet vellera pullis
290 Nascentum: plenoque alium circumspice campo.
Munere sic niveo lanae, si credere dignum est,
Pan Deus Arcadiae captam te, luna, fefellit,
In nemora alta vocans: nec tu aspernata vocantem.
At cui lactis amor, cytisum, lotosque frequentes
295 Ipse manu, salsasque ferat praesepibus herbas.
Hinc & amant fluvios magis, ac magis ubera tendunt,
Et salis occultum referunt in lacte saporem.
Multi jam excretos prohibent a matribus haedos,
Primaque ferratis praefigunt ora capistris.
400 Quod surgente die mulsere horisque diurnis,
Nocte premunt; quod jam tenebris & sole cadente,
Sub lucem exportans calathis adit oppida pastor:
Aut parco sale contingunt, hiemique reponunt.

Nec tibi cura canum fuerit postrema: sed una
405 Veloces Spartae catulos, acremque Molossum,

Erd' in sicherer Muse, gehäufte Eichen, und ganze
Ulmen wälzen sie an den Heerd, und ernähren so das Feuer.
Hier verlebt man die Nacht beim Spiel, sie ahmen den Weinkrug
Fröhlich nach mit gegohrnem, mit sauerem Speyerbeersafte. 380
Unter dem Hyperboreischen Norden wohnet ein solches
Baumloses Männergeschlecht, vom Rhipäischen Ostwind bestürmet,
Und sie verhüllen den Körper in röthliches Pelzwerk von Thieren.
Liegt dir die Wollzucht an, so vermeid' erst stachlicht Gebüsche
Dann auch Kletten und Dornen: und fleuch die mastige Weyden; 385
Immer wähl dir die weissen Schaaf mit der weichesten Wolle.
Aber den Widder, wenn er auch noch so weiß wär, und hätte
Unter dem feuchten Gaumen nur eine schwarze Zunge,
Merz nur aus, damit er mit Flecken die Wolle der Lämmer
Nicht beschmuze: und such dir im vollen Feld einen andern. 390
Mit so weissem Geschenke von Wolle, wenns Glauben verdienet,
Täuschte dich Luna, Pan der Arcadische Gott, und er lockte
Dich überwunden ins tiefe Gewälb': und du liesest dich locken.
Wer die Milch liebt der trag den Cytisus, häufigen Lotus,
Und gesalzene Kräuter mit eigener Hand auf die Raufen. 395
Dadurch bekommen sie Lust zum Bach, und erweitern das Euter,
Und der verborgene Geschmack des Salzes theilt sich der Milch mit.
Viele entziehn die neugebohrne Zicklein den Müttern,
Und versehn sie mit eisernem Maulkorb vorn um die Lippen.
Was sie des Morgens früh, und den Tag über melken, das wird dann 400
Nachts gepreßt; die Milch vom Abend beim Hintritt der Sonne
Trägt entweder des Morgens der Hirt in Gefäßen zur Stadt hin;
Oder man salzt sie gelind, und bewahrt sie hernach auf den Winter.
Auch die Verpflegung der Hunde sei dir nicht die lezte; erziehe
Schnelle Spartanische Hündchen, zugleich mit dem raschen Molossus, 405

H 3

Pasce sero pingui. Nunquam custodibus illis
Nocturnum stabulis furem, incursusque luporum,
Aut impacatos a tergo horrebis Hiberos.
Saepe etiam cursu timidos agitabis onagros,
410 Et canibus leporem, canibus venabere damas.
Saepe volutabris pulsos silvestribus apros
Latratu turbabis agens, montesque per altos
Ingentem clamore premes ad retia cervum.
Disce & odoratam stabulis accendere cedrum,
415 Galbaneoque agitare graves nidore chelydros.
Saepe sub immotis praesepibus aut mala tactu
Vipera delituit, caelumque exterrita fugit:
Aut tecto adsuetus coluber succedere & umbrae,
Pestis acerba boum, pecorique adspergere virus,
420 Fovit humum. Cape saxa manu, cape robora, pastor,
Tollentemque minas & sibila colla tumentem
Dejice. Jamque fuga timidum caput abdidit alte,
Quum medii nexus, extremaeque agmina caudae
Solvuntur, tardosque trahit sinus ultimus orbes.
425 Est etiam ille malus Calabris in saltibus anguis,
Squamea convolvens sublato pectore terga,
Atque notis longam maculosus grandibus alvum:
Qui dum amnes ulli rumpuntur fontibus, & dum
Vere madent udo terrae, ac pluvialibus Austris,
430 Stagna colit, ripisque habitans, hic piscibus atram
Improbus ingluviem ranisque loquacibus explet.
Postquam exusta palus, terraeque ardore dehiscunt,
Exsilit in siccum, & flammantia lumina torquens
Saevit agris, asperque siti atque exterritus aestu.

Nähr sie mit fetten Molken: und niemals wirst du bei solchen
Wächtern den nächtlichen Dieb in den Ställen, den Einfall der Wölfe,
Oder von hinten den unversöhnten Iberier fürchten.
Ofk kannst du auch zum Lauf die furchtsamen Waldesel hezen,
Und mit Hunden den Hasen, mit Hunden jagen die Gemsen. 410
Oesters wirst du aus waldichten Sühlen getriebene Säue
Hezend durch Velsen verjagen, und in den hohen Gebirgen
Wirst du den mächtigen Hirsch durch ihr Schreien in Neze verschäuchen.
Lerne dann auch wohlriechende Cedern in Ställen anzünden,
Mit des Galbanums Brandgeruch faule Chelydern verbannen. 415
Oft liegt entweder unter den unausgeräumten Krippen
Eine im Angrif schädliche Viper, und lichtscheu entflieht sie:
Oder die Riesenschlange an Haus und Schatten gewöhnet,
Diese Pest des Rindvieh's, Thiere mit Gift zu bespritzen
Duckt sie am Boden. Hirte nimm Steine zur Hand, ergreif Hölzer, 420
Wenn sie drohend sich hebt, und zischt mit schwellendem Halse
Schmeiß sie zu Boden: sie flieht und versteckt den furchtsamen Kopf,
Mitten werden die Schlingen, des äußersten Schwanzes Gestrick
Aufgelöst, und die hinterste Krümmung zieht schlerrende Ringel.
In den Calabrischen Wäldern giebts auch eine schädliche Schlange, 425
Hoch die Brust, den schuppichten Körper im Schreckengewinde,
Dann den langen Bauch mit grosen Flecken gezeichnet:
Welche so lang noch irgend ein Fluß aus Quellen hervorbricht,
Länder vom feuchten Lenz noch naß sind, vom feuchten Südwind,
Pfüzen bewohnt, in Ufern sich aufhält, schadenfroh füllt sie 430
Ihren schwarzen Kropf mit Fischen und schwazigten Fröschen.
Wenn dann die Pfüzen vertrocknen, für Hize der Erdboden berstet,
Schwitzt sie sich hin aufs Trockne, und wälzt die flammende Augen,
Wütet im Felde, heischer von Durst, von der Hize geängstigt.

H 4

435 Ne mihi tum molles sub dio carpere somnos,
　　Neu dorso nemoris libeat jacuisse per herbas;
　　Quum positis novus exuviis nitidusque juventa
　　Volvitur, aut catulos tectis aut ova relinquens,
　　Arduus ad solem & linguis micat ora trisulcis.
440　Morborum quoque te caussas & signa docebo.
　　Turpis oves tentat scabies, ubi frigidus imber
　　Altius ad vivum persedit, & horrida cano
　　Bruma gelu: vel quum tonsis illotus adhaesit
　　Sudor, & hirsuti secuerunt corpora vepres.
445 Dulcibus idcirco fluviis pecus omne magistri
　　Perfundunt, udisque aries in gurgite villis
　　Mersatur, missusque secundo defluit amni:
　　Aut tonsum tristi contingunt corpus amurca,
　　Et spumas miscent argenti, vivaque sulfura,
450 Idaeasque pices, & pingues unguine ceras,
　　Scillamque, elleborosque graves, nigrumque bitumen.
　　Non tamen ulla magis praesens fortuna laborum est,
　　Quam si quis ferro potuit rescindere summum
　　Ulceris os. Alitur vitium, vivitque tegendo:
455 Dum medicas adhibere manus ad vulnera pastor
　　Abnegat, aut meliora Deos sedet omina poscens.
　　Quin etiam, ima dolor balantum lapsus ad ossa
　　Quum furit, atque artus depascitur arida febris,
　　Profuit incensos aestus avertere, & inter
460 Ima ferire pedis salientem sanguine venam:
　　Bisaltae quo more solent, acerque Gelonus,
　　Quum fugit in Rhodopen, atque in deserta Getarum,
　　Et lac concretum cum sanguine potat equino.

Das möcht' ich nicht unter freiem Himmel im weichlichen Schlaf ruhn, 435
Hätt' auch nicht Lust auf dem Hügel des Hains im Grase zu liegen;
Wenn sie glänzend verneut nach verwechselter Hülle die Jugend
Wieder bekommt, und Brut oder Eyer im Loche zurück läßt,
Strebend zur Sonne glizert im Maul dreispizicht Gezüngel.
Auch der Krankheiten Zeichen und Ursachen will ich dich lehren: 440
Schändliche Kräze plaget die Schafe, wenn eiskalter Regen
Tief sich auf die empfindliche Haut sezt, und schaurichter Winter
Grau von Reif; oder wenn den geschornen noch unabgewaschner
Schweiß anhängt, oder stachlichte Dornen den Körper zerrizen.
Darum waschen die Schäfer ein jedes Stück in den süßen   445
Flüssen, und sie stürzen den Widder mit nassem Gelocke
In den Strudel, so hinein gestürzt schwimmt er dem Strom nach.
Oder sie schmieren den geschornen Körper mit bitterer Oelhef'
Und sie mischen Silberglätte, lebendigen Schwefel,
Nebst Idäischem Theer, und fettem Wachs zu der Salbe,   450
Ferner die Meerzwiebel, stinkende Nieswurz, und schwärzliches Bergs
wachs.
Doch ist kein einziges Glück der Heilung von schnellerer Wirkung,
Als wenn jemand die oberste Spiz des Geschwürs mit dem Messer
Oefnen kann: das Uebel lebt und ernährt sich wenns zu ist;
Und der Hirt die heilende Hand an Geschwüre zu legen   455
Ausschlägt, oder die Beßrung von Gottheiten heischend nur still sizt.
Drünge so gar der Schmerz der Schafe bis tief an die Knochen,
Tobte er dort, und verzehrte die Glieder ein trockenes Fieber;
Dann wärs gut die Entzündung abzuwenden, und an dem
Unteren Fuß eine Ader sprizend von Blute zu schlagen.   460
Auf diese Art verfahrn die Bisalten, der rasche Geloner,
Wenn er auf den Rhodop fleucht, oder in Getische Wüsten,
Und geronnene Milch gemischt mit Pferdeblut trinket.

Quam procul, aut molli succedere saepius umbrae
465 Videris, aut summas carpentem ignavius herbas,
Extremamque sequi, aut medio procumbere campo
Pascentem, & serae solam decedere nocti:
Continuo ferro culpam compesce, priusquam
Dira per incautum serpant contagia vulgus.
470 Non tam creber agens hiemem ruit aequore turbo,
Quam multae pecudum pestes. Nec singula morbi
Corpora corripiunt; sed tota aestiva repente,
Spemque gregemque simul, cunctamque ab origine gentem.
Tum sciat, aërias Alpes, & Norica si quis
475 Castella in tumulis, & Japidis arva Timavi,
Nunc quoque post tanto videat desertaque regna
Pastorum, & longe saltus lateque vacantes.
Hic quondam morbo caeli miseranda coorta est
Tempestas, totoque autumni incanduit aestu,
480 Et genus omne neci pecudum dedit, omne ferarum,
Corrupitque lacus; infecit pabula tabo.
Nec via mortis erat simplex; sed ubi ignea venis
Omnibus acta sitis miseros adduxerat artus:
Rursus abundabat fluidus liquor: omniaque in se
485 Ossa minutatim morbo collapsa trahebat.
Saepe in honore Deum medio stans hostia ad aram,
Lanea dum nivea circumdatur infula vitta,
Inter cunctantes cecidit moribunda ministros.
Aut si quam ferro mactaverat ante sacerdos,
490 Inde neque impositis ardent altaria fibris;
Nec responsa potest consultus reddere vates:
Ac vix suppositi tinguntur sanguine cultri.

Siehst du ein Schaf das sich öfters entfernt und dem kühlenden Schatten
Nachläuft, oder träger die obersten Grasspizen abäzt, 465
Oder zulezt kommt, oder mitten im Felde sich hinlegt
Während dem weyden, in später Nacht allein nach Haus kommt;
Schleunig räum mit dem Stahl das Uebel hinweg, ebe weiter
Wütendes Anstecken durch die verwarloste Heerden sich schleiche.
Stürme treibender Wirbelwind stürzt von dem Meer her nicht öfter, 470
Als die viele Seuchen des Viehs: die Krankheit befällt nicht
Einzelne Stücke allein; wohl ganze Pferche auf einmal,
Junge und alte zugleich, die ganze Heerde von Grund aus.
Der k nns leicht erfahren, der hingeht und luftige Alpen
Norische Schlösser auf Hügeln, Japitische Flurn am Timavus 475
Nach so langer Zeit noch als wüste Reiche der Hirten
Antrift, weit und breit verödete Forsten noch findet.
Hier entstand ehmals aus schädlicher Luft eine klägliche Witterung,
Die mit der ganzen Hize des Herbstes alles durchglühte,
Jede Gattung des Vieh's und des Wilds übergab sie dem Tode, 480
Seeen verdarb sie: vergiftete Weyden mit tödlichem Hauche.
Auch war die Krankheit nicht einförmig: wo jezt in allen Gefäßen
Brennende Trockne sich umtrieb, die elende Gliedmaßen spannte,
Da war hernach ein flüßiger Saft in Ueberfluß; welcher
Alle von Krankheit zermalmte Knochen in sich verschluckte. 485
Oft stand ein Opferthier mitten im Gottesdienst vor dem Altare,
Wenn man die wollene Jnful mit schneeweissen Binden ihm anthat,
Fiel es zwischen den zögernden Dienern sterbend darnieder.
Oder hatt' es der Priester noch eh mit dem Messer geschlachtet,
So verbrannte weder das Eingeweid auf den Altären 490
Noch der befragte Weissager konnte hier Antwort ertheilen:
Auch die Schlachtmesser wurden kaum mit Blute gefärbet,

Summaque jejuna fanie infufcatur arena.
Hinc laetis vituli vulgo moriuntur in herbis,
495 Et dulces animas plena ad praefepia reddunt.
Hinc canibus blandis rabies venit, & quatit aegros
Tuffis anhela fues, ac faucibus angit obefis.
Labitur infelix, ftudiorum atque immemor herbae
Victor equus, fontesque avertitur, & pede tetram
500 Crebra ferit: demiffae aures: incertus ibidem
Sudor; & ille quidem morituris frigidus: aret
Pellis, & ad tactum tractanti dura refiftit.
Haec ante exitium primis dant figna diebus.
Sin in proceffu coepit crudefcere morbus,
505 Tum vero ardentes oculi, atque attractus ab alto
Spiritus, interdum gemitu gravis, imaque longo
Ilia fingultu tendunt: it naribus ater
Sanguis, & obfeffas fauces premit afpera lingua;
Profuit inferto latices infundere cornu
510 Lenaeos: ea vifa falus morientibus una.
Mox erat hoc ipfum exitio, furiisque refecti
Ardebant, ipfique fuos, jam morte fub aegra,
(Di meliora piis, erroremque hoftibus illum!)
Difciffos nudis laniabant dentibus artus.
515 Ecce autem duro fumans fub vomere taurus
Concidit, & mixtum fpumis vomit ore cruorem,
Extremosque ciet gemitus: it triftis arator,
Moerentem abjungens fraterna morte juvencum:
Atque opere in medio defixa relinquit aratra.
520 Non umbrae altorum nemorum, non mollia poffunt
Prata movere animum, non, qui per faxa volutus

Und der verhungerte Eiter befleckte den obersten Sand kaum.
Dann auch starben die Kälber im schönsten Gras nach der Reihe,
Und sie gaben an vollen Krippen den lieblichen Geist auf.   495
Dann kam die Wuth an schmeichelnde Hunde, es quälte die kranken
Schweine ein keichender Husten, er würgte in mastigen Kehlen.
Unglücklich stürzt' das Siegsroß der Arbeit und Weyde vergessend
Hin auf die Erd', es ekelt' für Quellen, und unruhig stampft' es
Mit dem Fuß auf dem Boden: die Ohren hiengen, und wechslend   500
Brach da ein Schweiß aus, der bei den Sterbenden kalt war; verdorret
War die Haut, als hart widerstand sie dem drückenden Finger.
Dies waren Zeichen der ersten Tage des nahenden Todes.
Wenn im Steigen die Krankheit anfieng heftig zu werden,
Dann entzündeten sich die Augen, das Thier zog den Odem   505
Tief, bisweilen schwer mit Seufzen, die innern Gedärme
Spannt' langwieriges Schlucken: es floß aus der Nasen ein schwarzes
Blut, die rißige Zunge quoll im entzündeten Halse.
Nützlich wars oft wenn man ihnen Lendischen Saft mit dem Horne
Eingab, dies schien noch zu seyn der Sterbenden einzige Hilfe. 510
Bald war auch dies zum Verderben, denn dadurch erquicket entflamte
Sich ihre Wuth, mit dem Tode ringend zerfleischten sie selbsten
(Götter gebt besseres Schicksal den Frommen, solch Irrsal den Feinden:)
Ihre eigne zerriffne Glieder mit bleckenden Zähnen.
Sieh doch, wie vor dem harten Pflugschaar der dampfende Ochse 515
Niederstürzt, aus dem Maul Geblüte mit Schaum vermischt ausbricht,
Und er zieht die letzten Seufzer, der traurige Pflüger,
Geht und spannt den andern aus der den Bruder betrauert,
Dieser läßt nun den Pflug in der Mitten des Tagewerks stecken.
Ihm kann kein Schatten des hohen Hains, keine weichliche Wiese 520
Ferner den Geist erheitern, kein Bach, der blank wie ein Spiegel

Purior electro campum petit amnis: at ima
Solvuntur latera, atque oculos stupor urget inertes,
Ad terramque fluit devexo pondere cervix.
525 Quid labor, aut benefacta juvant? quid vomere terras
Invertisse graves? atqui non Massica Bacchi
Munera, non illis epulae nocuere repostae:
Frondibus & victu pascuntur simplicis herbae.
Pocula sunt fontes liquidi, atque exercita cursu
530 Flumina, nec somnos abrumpit cura salubres.
Tempore non alio dicunt regionibus illis
Quaesitas ad sacra boves Junonis, & uris
Imparibus ductos alta ad donaria currus.
Ergo aegre rastris terram rimantur, & ipsis
535 Unguibus infodiunt fruges, montesque per altos
Contenta cervice trahunt stridentia plaustra.
Non lupus insidias explorat ovilia circum,
Nec gregibus nocturnus obambulat: acrior illum
Cura domat: timidi damae cervique fugaces
540 Nunc interque canes & circum tecta vagantur.
Jam maris immensi prolem, & genus omne natantum
Littore in extremo, ceu naufraga corpora, fluctus
Proluit: insolitae fugiunt in flumina phocae.
Interit & curvis frustra defensa latebris
545 Vipera, & attoniti squamis adstantibus hydri.
Ipsis est aër avibus non aequus, & illae
Praecipites alta vitam sub nube relinquunt.
Praeterea nec jam mutari pabula refert,
Quaesitaeque nocent artes: cessere magistri
550 Phillyrides Chiron, Amythaoniusque Melampus.

Virgils Georgicon. III. Buch.

Durchs Gestein zum Felde sich hinwälzt; die untere Seiten
Hangen schlaff, Erstarrung drängt die erleschene Augen.
Sinkend von Schwere feust der Nacken zur Erden hernieder.
Wozu nüzt nun die Arbeit, der Dienstfleiß? was hilfts mit dem Pflug-
schaar
Schweres Feld gepflügt zu haben? des Masischen Bacchus 526
Gaben, und aufbewahrtes Naschwerk hat sie nicht verdorben:
Denn sie genossen nur Nahrung von Blättern und einfachen Kräutern.
Ihr Getränk war klares Wasser, im Laufen geübte
Flüsse; auch brach ihnen die Sorge den heilsamen Schlaf nicht. 530
Sonst hat man niemals in dortiger Gegend, so sagt man, die Kühe
zu dem Opfer der Juno zu suchen gebraucht, und mit wilden
Ungleichen Ochsen den Wagen zum hohen Stifte geführet.
*) Darum wühlten sie mühsam mit Karsten die Erde, mit eignen
Nägeln krazten sie ein den Saamen, an steilen Gebirgen 535
zogen sie mit gespanntem Nacken die knirrende Wagen.
Da erforschte kein Wolf um den Schafstall die heimlichen Schliche,
Wandelte nicht des Nachts um die Heerden; schärferer Kummer
zähmte denselben; furchtsame Gemsen, und flüchtige Hirsche
Schwärmten anjezo zwischen den Hunden, und rund um die Häuser. 540
Fluthen spülten des unermeßlichen Meeres Geburten,
Jede schwimmende Thierart wie Körper im Schiffbruch ans Ufer:
Und die Meerkälber flohn ungewöhnlicher Weis in die Flüsse.
Auch die Viper durch krumme Schlupfwinkel übel vertheidigt
Starb, die Wasserfa lang starrt', ihr stunden die Schuppen zu Berge. 545
Selbst den Vögeln war jezt die Luft nicht mehr günstig, sie liefen
Unter den hohen Wolken ihr Leben und stürzten hernieder.
Ueber das alles half es jezt nicht das Futter zu ä dern,
Ausgesucht' Arznei war schädlich: die Aerzte entwichen,
Chiron der Phillpride, Melampus der Sohn Amithaons. 550

*) Ein gewisser Beweiß daß rastrum nicht Egge sondern Karst heißt.

Saevit & in lucem Stygiis emissa tenebris
Pallida Tisiphone, morbos agit ante metumque;
Inque dies avidum surgens caput altius effert
Balatu pecorum, & crebris mugitibus amnes
555 Arentesque sonant ripae, collesque supini.
Jamque catervatim dat stragem, atque aggerat ipsis
In stabulis turpi dilapsa cadavera tabo:
Donec humo tegere, ac foveis abscondere discunt.
Nam neque erat coriis usus: nec viscera quisquam
560 Aut undis abolere potest, aut vincere flamma:
Nec tondere quidem morbo illuvieque peresa
Vellera, nec telas possunt attingere putres.
Verum etiam invisos si quis tentarat amictus;
Ardentes papulae, atque immundus olentia sudor
565 Membra sequebatur. Nec longo deinde moranti
Tempore contactus artus sacer ignis edebat.

Tobend zum Licht, aus Stygischer Finsterniß ausgeschickt, triebe
Vor sich her, die bleiche Tisiphon Krankheit und Schrecken,
Täglich hob sie ihr gieriges steigendes Haupt immer höher.
Vom Geblöcke der Heerden, vom häufigen Brüllen erschollen
Flüsse, die ausgetrockneten Ufer, der Abhang der Hügel.   555
Jezt erwürgte sie haufenweiß, auch so gar in den Ställen
Häufte sie Leichen, zerfliesend und modernd von scheußlicher Seuche:
Bis man anfieng mit Erd sie zu decken, in Gruben zu senken,
Denn man konnte die Häute nicht brauchen; das Fleisch konnte niemand
All in die Wellen begraben, und ganz durch Flammen verzehren.   560
Scheeren konnte man nicht die von Krankheit und Unrath zerfreßne
Wolle, und nicht das von Fäulniß durchdrungne Gespinnste berühren;
Wenn auch jemand so schädliche Kleider anzuziehn wagte,
So verfolgten hizige Blattern, ein unreines Schwizen
Voller Gestank die Glieder: es dauerte dann auch nicht lange 565
So zerfraß das heilige Feuer die leidenden Theile.

VIRGILII GEORGICON

LIBER IV.

ARGUMENTUM.

Post brevem de apibus & mellatione propofitionem, dedicationemque operis; opus ipfum octo partibus exfequitur: I. De commoda apum habitatione. II. De earum pabulatione, examinibus, pugnis. III. De duabus earum fpeciebus. IV. De earum quafi civili prudentia & republica. V. De mellationis temporibus. VI. De moribus apum, morborumque fignis ac remediis. VII. De apum reparatione, quum perierunt. VIII. De reparationis hujus inventione, & auctore, Ariftaeo, cujus fabulam epilogi loco fufe narrat: eidemque attexit fabulam Eurydices & Orphei.

Virgils Georgicon

IV. Buch.

Inhalt des vierten Gesangs.

Nach einem kurzen Eingang von den Bienen und dem Honigbau, nebst der Zuschrift des Gesangs, folgt das Gedicht selbst in acht Theilen: 1) von der naturgemäsen Wohnung der Bienen. 2) Von ihrem Futter, ihren Schwärmen und Kämpfen. 3) Von ihren zweierlei Gattungen. 4) Von ihrer bürgerlichen Klugheit, und Republik ähnlichen Verfassung. 5) Von der besten Zeit Honig zu sammeln. 6) Von den Bienenkrankheiten, ihren Zeichen und Arzneien. 7) Von der Wiederherstellung der Bienen wenn sie Noth gelitten haben. 8) Endlich, von der Erfindung dieser Wiederherstellung, und ihrem Urheber dem Aristäus, dessen Geschichte der Dichter zum Beschluß weitläuftig erzählet, und die Fabel von dem Orpheus und der Eurydice einfliesen läßt.

VIRGIL. GEORGICON LIB. IV.

Protinus aerii mellis caelestia dona
Exsequar. Hanc etiam, Maecenas, adspice partem.
Admiranda tibi levium spectacula rerum,
Magnanimosque duces, totiusque ordine gentis
5 Mores, & studia, & populos, & praelia dicam.
In tenui labor: at tenuis non gloria; si quem
Numina laeva sinunt, auditque vocatus Apollo.
  Principio sedes apibus statioque petenda,
Quo neque sit ventis aditus, (nam pabula venti
10 Ferre domum prohibent) neque oves haedique petulci
Floribus insultent, aut errans bucula campo
Decutiat rorem, & surgentes atterat herbas.
Absint & picti squalentia terga lacerti
Pinguibus a stabulis, meropesque, aliaeque volucres;
15 Et manibus Procne pectus signata cruentis.
Omnia nam late vastant, ipsasque volantes
Ore ferunt dulcem nidis immitibus escam.
At liquidi fontes & stagna virentia musco
Adsint, & tenuis, fugiens per gramina, rivus,
20 Palmaque vestibulum aut ingens oleaster inumbret.
Ut, quum prima novi ducent examina reges
Vere suo, ludetque favis emissa juventus,
Vicina invitet decedere ripa calori;
Obviaque hospitiis teneat frondentibus arbos.
25 In medium, seu stabit iners, seu profluet humor,
Transversas salices, & grandia conjice saxa:
Pontibus ut crebris possint consistere, & alas
Pandere ad aestivum solem; si forte morantes

Unverzüglich will ich erklären des luftigen Honigs
Himmlische Gaben, schaue Mäzen auch auf dieses Gedichte.
Wundernswürdige Schauspiele unbedeutender Dinge
Heldenmüthige Fürsten, der ganzen Völkerschaft Sitten,
Uebung, Gemeinden, und Schlachten, will ich dir ordentlich singen.
Geht schon die Arbeit ins kleine, nicht klein ist die Ehre, wenn einen
Widrige Götter nicht hindern, Apollo Gebäte erhöret.
Anfangs muß man den Bienen Wohnung und Standplaz erwählen
Wo weder Winde Zutritt haben (denn Winde verhindern
Nahrung nach Haus zu tragen) noch Schaafe und geilende Böcke   10
Blumen zertretten, auch keine Sterke irgend im Felde
Thau abschüttelt, oder auch steigende Kräuter zerquetschet.
Fern sei der schmierige Rücken des buntgezeichneten Molches
Von den feisten Stöcken, der Merops und andres Geflügel;
Auch die Proene die Brust mit blutigen Händen bezeichnet.   15
Denn sie verwüsten alles umher, und selbsten im Fluge
Führn sie die süse Speise im Mund zu den unholden Nestern.
Aber klare Quellen und Weiher grünend von Moose
Sollen zur Hand seyn, ein seichter Bach, der im Grase dahin fließt.
Palmen und mächtige wilde Oelbäum' beschatten den Vorhof.   20
Daß, wenn die neuen Fürsten die ersten Schwärm' ausführen
In ihrem Lenz, und die Jugend den Stöcken entlaßen, umher spielt,
Sie das benachbarte Ufer locke der Hiz' zu entweichen:
Und ein Baum ihnen aufstoße der im Gelaube sie herbergt.
Mitten über das Wasser, es mag nun stehn oder fließen,   25
Lege weidene Stäb in die Quer, und Steine die groß sind:
Daß sie auf den häufigen Brücken ruhn, und die Flügel
Ausbreiten können in Stralen des Sommers, wenn sie im Zögern

Sparferit, aut praeceps Neptuno immerferit Eurus.
30 Haec circum cafiae virides, & olentia late
Serpylla, & graviter fpirantis copia thymbrae
Floreat, irriguumque bibant violaria fontem.
Ipfa autem, feu corticibus tibi futa cavatis,
Seu lento fuerint alvearia vimine texta,
35 Anguftos habeant aditus. Nam frigore mella
Cogit hiems, eademque calor liquefacta remittit.
Utraque vis apibus pariter metuenda: neque illae
Nequicquam in tectis certatim tenuia cera
Spiramenta linunt, fucoque & floribus oras
40 Explent, collectumque haec ipfa ad munera gluten
Et vifco & Phrygiae fervant pice lentius Idae.
Saepe etiam effoffis (fi vera eft fama) latebris
Sub terra fovere larem, penitusque repertae
Pumicibusque cavis, exefaeque arboris antro.
45 Tu tamen e laevi rimofa cubilia limo
Unge fovens circum, & raras fuperinjice frondes.
Neu propius tectis taxum fine, neve rubentes
Ure foco cancros, altae neu crede paludi:
Aut ubi odor coeni gravis, aut ubi concava pulfu
50 Saxa fonant, vocisque offenfa refultat imago.
 Quod fupereft, ubi pulfam hiemem fol aureus egit
Sub terras, caelumque aeftiva luce reclufit,
Illae continuo faltus filvasque peragrant,
Purpureosque metunt flores, & flumina libant
55 Summa leves. Hinc nefcio qua dulcedine laetae
Progeniem nidosque fovent: hinc arte recentes
Excudunt ceras, & mella tenacia fingunt.

Etwa der Oſtwind zerſtreut, ins Waſſer hingeſtürzt hätte.
Um ſie her ſollen grünende Caſien, Feldtümmel, welcher　30.
Fernher riecht, und die kräftig duftende Thymbra in Menge
Blühen, und Veilchen-Raſen das rieſelnde Quellwaſſer trinken.
Aber den Bienenkorb mußt du aus hohler Rinde von Korkholz
Machen, oder aus zähen Ruthen wie Körbe ſie flechten;
Laß das Flugloch eng ſeyn; der Winter verhärtet den Honig　35
Durch den Froſt, hingegen die Hitze macht ihn zu flüßig.
Eins wie das andre iſt gleichförmig furchtbar den Bienen, denn dieſe
Kleben mit Wachs nicht vergebens die feinſten Ritzen der Wohnung
Wetteifernd zu, mit Seewaid- und Blumenſaft fülln ſie des Randes
Anſchluß aus, zu dieſem Gebrauch wird geſammelter Kleiſter,　40
Zäher als Leim, als Phrygiſches Pech vom Ida verwahret.
Oft (wenns wahr iſt) ſollen ſie auch in gegrabenen Löchern
Unter der Erd ihre Haushaltung führen, tief in den hohlen
Limsſteinen fand man ſie, auch in den Höhlen kernfauler Bäume.
Du aber ſchmier zur Erwärmung die riſſigen Stöcke mit glattem　45
Leimen rund umher, und bedeck ſie mit dünnem Gelaube.
Leid' auch den Tarus nicht nah beim Bienenſtand, oder verbrenn nicht
Rothe Krebs' am Heerde, trau auch dem tiefen Moraſt nicht;
Oder wo Modergeſtank iſt, wo hohle Felſen vom Anſtoß
Schallen, das widerſtoſſende Bildniß der Stimme zurückprellt.　50
Ferner, ſo bald die güldne Sonn den vertriebenen Winter
Unter die Erde verbannt, und den Himmel mit Sommerlicht aufſchließt;
Dann durchwandern ſie unverzüglich Forſten und Wälder,
Erndten purpurne Blumen, und koſten das obre der Flüſſe
Leichten Flugs. Dadurch ernähren ſie, ich weiß nicht mit welcher　55
Wonne ſo fröhlich, Brut und Jungen: und durch dieſe Künſte
Würken ſie friſches Wachs, und bilden geſchmeidigen Honig.

Hinc ubi jam emissum caveis ad sidera caeli
Nare per aestatem liquidam suspexeris agmen,
60 Obscuramque trahi vento mirabere nubem;
Contemplator: aquas dulces, & frondea semper
Tecta petunt. Huc tu jussos adsperge sapores,
Trita melisphylla, & cerinthae ignobile gramen:
Tinnitusque cie, & Matris quate cymbala circum.
65 Ipsae confidant medicatis sedibus: ipsae
Intima more suo sese in cunabula condent.
Sin autem ad pugnam exierint; nam saepe duobus
Regibus incessit magno discordia motu.
Continuoque animos vulgi & trepidantia bello
70 Corda licet longe praesciscere: namque morantes
Martius ille aeris rauci canor increpat, & vox
Auditur fractos sonitus imitata tubarum.
Tum trepidae inter se coëunt, pennisque coruscant,
Spiculaque exacuunt rostris, aptantque lacertos,
75 Et circa regem atque ipsa ad praetoria densae
Miscentur, magnisque vocant clamoribus hostem.
Ergo, ubi ver nactae sudum camposque patentes,
Erumpunt portis; concurritur; aethere in alto
Fit sonitus, magnum mixtae glomerantur in orbem,
80 Praecipitesque cadunt. Non densior aëre grando,
Nec de concussa tantum pluit ilice glandis.
Ipsi per medias acies, insignibus alis,
Ingentes animos angusto in pectore versant,
Usque adeo obnixi non cedere, dum gravis aut hos,
85 Aut hos versa fuga victor dare terga subegit.
Hi motus animorum atque haec certamina tanta

Wenn du hernach schon die Schaar den Zellen entflohn an des Himmels
Sternen in heiteren Sommerlüften schwimmen wirst sehen,
Und du das dunkle Wölkchen vom Winde getrieben bewunderst; 60
Dann gieb Achtung: süßes Wasser und laubichte Wohnung
Suchen sie immer: hier streu folgende riechende Kräuter,
Nämlich zerriebne Melissen, gemeines Cerinthengesträuche;
Mach ein Geklingel umher, und klopfe die Cymbel Cybelens.
Denn sie sezen sich gern auf wohlriechende Kräuter: sie selbsten 65
Bergen sich gern nach ihrer Gewohnheit ins Inre der Wiege.
Wenn sie aber zum Kampf ausziehn, (denn öfters geschieht es
Daß die Zwietracht mit groser Unruh zween Könige ankömmt)
Dann kann man gleich von Anfang den Geist des Pöbels, die Herzen
Pochend zum Kriege lange bemerken: die Zögernden reizet 70
Jenes Kriegsgetöne des heischern Metalls, eine Stimme
Hört man, die die gebrochnen Töne der Streithörner nachahmt.
Schnurrend laufen sie dann zusammen, es blizen die Flügel,
Und sie wezen die Stacheln am Rüssel, und üben die Muskeln,
Um den König und selbst ums Hauptquartier mischt sich der dichte 75
Haufen, man fordert mit grosem Geschrei die Feinde zum Krieg auf.
Wenn sie nun heitern Frühling und offnes Gefilde bekommen,
Dann bricht alles durchs Thor; das Treffen beginnt, und im hohen
Aether tönts, das Schlachtgewirr ballt sich zum mächtigen Kreise,
Stürzend fallend sie: Hagel fällt aus den Lüften nicht dichter, 80
Und von geschüttelter Steineich' regnen nicht so viel Eicheln.
Aber die Könige mitten im Treffen vortreflich beflügelt,
Wälzen in ihrer engen Brust erschrecklichen Kraftdrang,
Sie widerstehn dem Weichen bis dahin wo dieß' oder jene
Fliehend den Rücken zu kehrn, der beschwerliche Sieger gezwungen. 85
Diese Empörung der Geister, und diese so heftige Kämpfe

J 5

Pulveris exigui jactu compressa quiescent.
　Verum ubi ductores acie revocaveris ambo;
Deterior qui visus, eum, ne prodigus obsit,
90　Dede neci: melior vacua sine regnet in aula.
Alter erit maculis auro squalentibus ardens:
(Nam duo sunt genera) hic melior, insignis & ore,
Et rutilis clarus squamis: ille horridus alter
Desidia, latamque trahens inglorius alvum.
95　Ut binae regum facies, ita corpora plebis.
Namque aliae turpes horrent: ceu pulvere ab alto
Quum venit, & terram sicco spuit ore viator
Aridus: elucent aliae, & fulgore coruscant
Ardentes auro, & paribus lita corpora guttis.
100 Haec potior soboles. Hinc caeli tempore certo
Dulcia mella premes: nec tantum dulcia, quantum
Et liquida, & durum Bacchi domitura saporem.
　At quum incerta volant, caeloque examina ludunt,
Contemnuntque favos, & frigida tecta relinquunt;
105 Instabiles animos ludo prohibebis inani.
Nec magnus prohibere labor. Tu regibus alas
Eripe. Non illis quisquam cunctantibus altum
Ire iter, aut castris audebit vellere signa.
Invitent croceis halantes floribus horti,
110 Et custos furum atque avium cum falce saligna
Hellespontiaci servet tutela Priapi.
Ipse thymum pinosque ferens de montibus altis
Tecta ferat late circum, cui talia curae:
Ipse labore manum duro terat: ipse feraces
115 Figat humo plantas, & amicos irriget imbres.

Virgils Georgicon. IV. Buch. 139

Werden gehemmt durch den Wurf eines leichten Staubs und gestillet.
Wenn du aus der Schlacht die beiden Heerführer abrufst,
So erforsche den Schlechtern, und diesen, damit er nicht praffe,
Richte hin; den erledigten Thron besteige der Beßre; 90
Einer wird glühend scheinen von Gold und strozenden Flecken,
(Denn sie sind zweifach) der Beßte ist dieser, vortreflich von Ansehn,
Glänzend. von röthlich göldenen Schuppen; der andere starret
Träg und faul, er schleppt unedel den bauchichten Wanst nach.
So wie das Ansehn der Könige zweifach, so auch des Volkes; 95
Denn die einen sind garstig rauh; wie wenn aus dem tiefen
Staub der lechzende Wanderer kommt, und mit trocknem Munde
Erd' ausspeit; die andren glänzen, und blizen von Schimmer
Glühend wie Gold, die Körper gesprenkelt mit ähnlichen Flecken.
Diese Gattung ist stark: zu gehöriger Jahreszeit wirst du 100
Süßen Honig von ihnen pressen, der nicht allein süß ist
Sondern auch lauter, der den strengen Weingeschmack bändigt.
Fliegen sie aber verworren, und spielen die Schwärm' unterm Himmel,
Wenn sie den Wachsbau nicht achten, den Bienenstock kühl werden lassen;
Dann verwehrst du den Flattergeistern die müßigen Spiele. 105
Dies Verwehren ist kleine Mühe: den Königen nimm nur
Ihre Flügel: wenn diese bleiben wird keiner die hohe
Reise beginnen, es wagen im Lager die Fahne zu schwingen.
Gärten Safrangerüche verbreitend locken sie an sich,
Und der Wächter der Diebe und Vögel mit weidenem Messer 110
Nämlich Priapus vom Hellespont dient auch ihnen zum Schuze.
Auch soll derjenige Thymus und Tannen von hohen Gebirgen
Weit umher um die Wohnungen pflanzen, dem Bienenzucht anliegt;
Selbst zerstoß er in schwerer Arbeit die Faust; und er seze
Selbsten fruchtbare Pflanzen, begieß sie mit freundlichem Regen. 115

Atque equidem, extremo ni jam fub fine laborum
Vela traham, & terris feftinem advertere proram;
Forfitan, &, pingues hortos quae cura colendi
Ornaret, canerem, biferique rofaria Paefti:
120 Quoque modo potis gauderent intuba rivis;
Et virides apio ripae, tortusque per herbam
Crefceret in ventrem cucumis: nec fera comantem
Narciffum, aut flexi tacuiffem vimen acanthi,
Pallentesque hederas, & amantes littora myrtos.
125 Namque fub Oebaliae memini me turribus altis,
Qua niger humectat flaventia culta Galaefus,
Corycium vidiffe fenem: cui pauca relicti
Jugera ruris erant: nec fertilis illa juvencis,
Nec pecori opportuna feges, nec commoda Baccho.
130 Hic rarum tamen in dumis olus, albaque circum
Lilia, verbenasque premens, vefcumque papaver,
Regum aequabat opes animis; feraque revertens
Nocte domum dapibus menfas onerabat inemtis.
Primus vere rofam atque autumno carpere poma,
135 Et quum triftis hiems etiamnum frigore faxa
Rumperet, & glacie curfus frenaret aquarum,
Ille comam mollis jam tum tondebat acanthi,
Aeftatem increpitans feram Zephyrosque morantes,
Ergo apibus foetis idem atque examine multo
140 Primus abundare, & fpumantia cogere preffis
Mella favis: illi tiliae, atque uberrima pinus:
Quotque in flore novo pomis fe fertilis arbos
Induerat, totidem autumno matura tenebat.
Ille etiam feras in verfum diftulit ulmos,

Aber wenn ich nicht nahe am Ziel meiner Arbeit die Segel
Einzöge, eilte den Schnabel des Schifs zum Ufer zu lenken;
Würd' ich vielleicht noch die Wirthschaft besingen, die fruchtbare Gärten
Zieret, die Rosengärten des doppelterndenten Pästums;
Wie die Endivien grünen und blühen vom trinken des Baches,   120
Wie die Ufer von Sellerie grünen, gewunden durchs Kraut hin
Gurken zu bauchichten Knollen erwachsen: ich hätt' auch Narcissus
Spätes Blühen, den Halm des schlanken Acanths nicht verschwiegen,
Nicht den bleichen Epheu, nicht Ufer liebende Myrten.
Denn ich erinnre mich unter Oebaliens steigenden Thürmen,   125
Wo der schwarze Galäsus die gelben Saatfelder wässert,
Einen Corycischen Greis gesehn zu haben, er hatte
Wenige Juchart verlassenen Feldes; weder zum Pflügen
Noch den Heerden, ein brauchbares Land, auch zum Weinbau nicht tüchtig.
Dieser pflanzte doch hie und da in den Dornen Gemüße,   130
Weiße Lilgen umher, und Verbena, und eßbares Mohnkraut,
Dabei war er vergnügt wie ein König, und kam er in später
Nacht nach Haus, so trug sein Tisch unerkaufte Gerüchte.
Frühlings brach er am ersten die Rosen, im Herbste das Obst ab;
Und wenn der traurige Winter annoch durch Kälte die Felsen   135
Sprengte, und mit Eis den Lauf der Flüsse im Zaum hielt,
Dann entnahm er schon dem weichen Acanthus die Blätter,
Schmälte den langsam schleichenden Sommer, den zögernden Westwind.
Darum war er der erste im Ueberfluß fruchtbarer Bienen
Vieler Schwärm', aus gepresten Waben schäumenden Honig   140
Auszuzwängen: er hatte Linden, die fruchtbarsten Tannen;
Und so viel sich der tragbare Baum zum Obste in Blüte
Kleidete, eben so viel erreiftes erhielt er im Herbste.
Langsame Ulmen hatt' er in kreuzweise Reihen gepflanzet,

145 Eduramque pirum, & spinos jam pruna ferentes,
Jamque ministrantem platanum potantibus umbras.
Verum haec ipse equidem spatiis exclusus iniquis,
Praetereo, atque aliis post me memoranda relinquo.
Nunc age, naturas apibus quas Juppiter ipse
150 Addidit, expediam: pro qua mercede, canoros
Curetum sonitus crepitantiaque aera secutae,
Dictaeo caeli regem pavere sub antro.
Solae communes natos, consortia tecta
Urbis habent, magnisque agitant sub legibus aevum:
155 Et patriam solae, & certos novere penates:
Venturaeque hiemis memores aestate laborem
Experiuntur, & in medium quaesita reponunt.
Namque aliae victu invigilant, & foedere pacto
Exercentur agris: pars intra septa domorum
160 Narcissi lacrimam, & lentum de cortice gluten,
Prima favis ponunt fundamina. Deinde tenaces
Suspendunt ceras: aliae, spem gentis, adultos
Educunt foetus: aliae purissima mella
Stipant: & liquido distendunt nectare cellas.
165 Sunt, quibus ad portas cecidit custodia sorti:
Inque vicem speculantur aquas, & nubila caeli:
Aut onera accipiunt venientum, aut agmine facto
Ignavum, fucos, pecus a praesepibus arcent.
Fervet opus, redolentque thymo fragrantia mella.
170 Ac veluti, lentis Cyclopes fulmina massis
Quum properant, alii taurinis follibus auras
Accipiunt redduntque, alii stridentia tingunt
Aera lacu: gemit impositis incudibus Aetna.

Schon erstarkte Birnbäum' schon Pflaumen tragenden Schleedern, 145
Auch den Platanus der schon den trinkenden Schatten gewährte.
Doch diese Dinge von denen mich enge Schranken ausschliesen
Geh ich vorbei, und lasse sie andre nach mir besingen.
Nun wohlan, der Bienen Natur womit Jupiter selbsten
Sie beschenkte, erklär' ich: für welchen Lohn sie dem hellen 150
Klang der Cureten, und ihrem klirrenden Erzte gefolgt sind,
Dann in Dictäischer Höhle den König des Himmels erschreckten.
Ihnen allein sind die Kinder gemeinschaftlich, so auch die Häuser
Ihrer Stadt, sie verleben die Zeit unter grosen Gesezen;
Sie allein können Heimath, beständige Hausgötter wissen. 155
Eingedenk des kommenden Winters, sind sie im Sommer
Sehr geschäftig, und was sie gemeinschaftlich sammeln bewahren sie.
Eine Parthei besorgt die Kost, nach getrofnem Vertrage
Arbeiten sie im Feld: In der Wohnungen Zwischenräum' legen
Andre Narcyssische Thränen, und zähen Leim aus den Rinden 160
Zu der ersten Grundlag der Waben: und hängen dann zähes
Wachs an dieselbe: noch andre erziehen die Hofnung des Volkes,
Kinder die schon erwachsen sind: andre häufen den reinsten
Honig, und sie füllen mit lauterem Nectar die Zellen.
Einigen ist durchs Loos die Bewachung des Thors zugefallen: 165
Diese beobachten wechselsweis Regen und Wolken des Himmels:
Nehmen die Last den kommenden ab, oder kriegrisch geordnet
Treiben sie von den Krippen die Hummeln, das faule Geflügel.
Hizig gehts zu, der Honig voll Wohlgeruch duftet nach Thymus.
Wie Cyclopen aus zähen Massen Blizpfeile eilend 170
Schmieden, einige Luft in die ochsenhäutige Bälge
Einziehn und ausstossen, andre kreischendes Erzwerk in Seen
Eintauchen: unter den drückenden Ambosen seufzet der Aetna.

Illi inter sese magna vi brachia tollunt
175 In numerum, versantque tenaci forcipe ferrum.
Non aliter, si parva licet componere magnis,
Cecropias innatus apes amor urget habendi,
Munere quamque suo. Grandaevis oppida curae,
Et munire favos, & Daedala fingere tecta.
180 At fessae multa referunt se nocte minores.
Crura thymo plenae: pascuntur & arbuta passim,
Et glaucas salices, casiamque, crocumque rubentem,
Et pinguem tiliam, & ferrugineos hyacinthos.
Omnibus una quies operum, labor omnibus unus.
185 Mane ruunt portis; nusquam mora. Rursus easdem
Vesper ubi pastu tandem decedere campis
Admonuit, tum tecta petunt, tum corpora curant,
Fit sonitus, mussantque oras & limina circum.
Post, ubi jam thalamis se composuere, siletur
190 In noctem, fessosque sopor suus occupat artus.

Nec vero a stabulis pluvia impendente recedunt
Longius, aut credunt caelo adventantibus Euris:
Sed circum tutae sub moenibus urbis aquantur,
Excursusque breves tentant, & saepe lapillos,
195 Ut cymbae instabiles fluctu jactante saburram,
Tollunt: his sese per inania nubila librant.
Illum adeo placuisse apibus mirabere morem,
Quod nec concubitu indulgent, nec corpora segnes
In Venerem solvunt, aut foetus nixibus edunt:
200 Verum ipsae e foliis natos & suavibus herbis
Ore legunt: ipsae regem parvosque Quirites
Sufficiunt, aulasque, & cerea regna refingunt.

Und man schwingt mit starker Kraft umeinander die Arme
Nach dem Tact, man wendet mit packender Zange das Eisen. 175
Anders nicht, wenns erlaubt ist klein und groß zu vergleichen,
Treibt der Cecropischen Bienen anerschaffene Habsucht,
Jede zu ihrer Pflicht. Die Bejahrten besorgen der Städte
Und der Waben Befesi'gung, den Bau Dädalischer Häuser.
Aber die Jüngern kommen sehr spät und ermüdet nach Hause, 180
Ihre Schenkel voll Thymus; sie äzen durchgehends den Hagedorn,
Auch die graulichte Weiden, Casien, röthlichen Safran,
Feiste Linden, und Hyacinthen von roth-brauner Farbe.
Alle ruhen zugleich, und gehen zugleich an die Arbeit.
Morgens stürmts aus den Thoren, da ist kein Zaudern, und wiedrum 185
Wenn sie der Abend ermahnt nun endlich Weyd' und Gefilde
Zu verlassen, so gehn sie nach Haus, und verpflegen den Körper.
Dann giebts Getöse, denn sie schwirren um Ränder und Schwellen.
Endlich, wenn sie zu Bett sich begeben, so schweigt man die Nacht durch,
Tiefer eigener Schlaf befällt die ermüdeten Glieder. 190
Wenn ein Regen bevorsteht, so gehn sie nicht weit von den Stöcken,
Auch den vom Himmel flatternden Ostwinden trauen sie niemals;
Unter den Stadtmauern sicher suchen sie Trank in der Nähe,
Und sie versuchen oft kleine Ausfälle, nehmen oft Steinchen,
Wie die schwankende Schifgen von Wellen geschleudert den Ballast, 195
Zwischen die Füße, und wiegen sich so durchs öde Gewölke.
Wunderbar ist es, daß den Bienen die Sitte gefällt,
Nicht der Paarung zu pflegen, und nicht ihre Körper durch Liebe
Träge zu machen, oder mit Wehen Junge zu bringen;
Sondern sie sameln die Kinder von Blättern, und lieblichen Kräutern, 200
Mit ihrem Rüssel: und ihren König und kleine Quiriten
Schaffen sie selbst, erneuern den Hofstaat und wächserne Reiche.

Saepe etiam duris errando in cotibus alas
Attrivere, ultroque animam sub falce dedere.
205 Tantus amor florum, & generandi gloria mellis.
Ergo ipsas quamvis angusti terminus aevi
Excipiat: (neque enim plus septima ducitur aestas)
At genus immortale manet, multosque per annos
Stat fortuna domus, & avi numerantur avorum.
210 Praeterea regem non sic Aegyptos, & ingens
Lydia, nec populi Parthorum, aut Medus Hydaspes,
Observant. Rege incolumi mens omnibus una est:
Amisso rupere fidem; constructaque mella
Diripuere ipsae, & crates solvere favorum.
215 Ille operum custos: illum admirantur, & omnes
Circumstant fremitu denso, stipantque frequentes;
Et saepe attollunt humeris, & corpora bello
Objectant, pulchramque petunt per vulnera mortem.
His quidam signis atque haec exempla secuti,
220 Esse apibus partem divinae mentis, & haustus
Aetherios dixere. Deum namque ire per omnes
Terrasque, tractusque maris, caelumque profundum.
Hinc pecudes, armenta, viros, genus omne ferarum,
Quemque sibi tenues nascentem arcessere vitas.
225 Scilicet huc reddi deinde ac resoluta referri
Omnia: nec morti esse locum, sed viva volare
Sideris in numerum, atque alto succedere caelo.
Si quando sedem augustam, servataque mella
Thesauris relines, prius haustu sparsus aquarum
230 Ora fove, fumosque manu praetende sequaces.
Bis gravidos cogunt foetus, duo tempora messis,

Virgils Georgicon. IV. Buch.

Oft zerstoßen sie auch ihre Flügel am rauhen Gesteine
Wenn sie umherziehn, und sterben vollends unter der Bürde.
Denn so gros ist die Liebe zu Blumen, des Honigbau's Ehre. 205
Dennoch ob ihnen gleich ein beschränktes Ziel ihres Lebens
Ausgesteckt ist, (es erstreckt sich nicht über den siebenden Sommer)
Bleibt doch ihr Geschlecht unsterblich, durch Reihen von Jahren
Blüht das Glück des Hanses, der Grosväter Anherren zählt man.
Auch wird dem König dort in Egypten, oder im starken   210
Lydien, oder von Parthischen Völkern, dem Meder Hydaspes
So nicht gedient. Ist der König gesund so sind alle sich ein'g:
Ist er verlohrn so bricht man die Treu; den gesammelten Honig
Plündern sie selbst, und lösen auf das Gewebe der Waben.
Er ist der Schüzer der Werke: er wird bewundert, und alle   215
Stehn um ihn her mit dichtem Geschnurr, und drängen ihn häufig;
Und sie heben ihn oft auf die Schultern, und sezen die Körper
So dem Krieg aus, und suchen den schönen Tod in den Wunden.
Auf diese Zeichen sind einige dieser Erfahrung gefolget,
Daß sie behaupteten Bienen besäßen Theilchen der Gottheit,   220
Hauche des Aethers, denn es dränge die Gottheit durch alle
Erden, durch alle Schlünde des Meers, durch den Abgrund des Himmels.
Aus ihr erhielten das grose und kleine Vieh, Menschen, und alle
Wilden Geschlechter, den Lebenshauch, jedes in seinem Entstehen.
In sie giengen hernach bei der Auflösung alle Geschöpfe   225
Wiedrum über: es gäb' keinen Tod, man schwüng sich lebendig
Zu dem Heer der Sterne; und stieg zum erhabenen Himmel.
Wenn du dereinst den durchlauchtigen Siz, und den Schaz des verwahr-
Honigs entsiegelst; so sprüze sie erst mit wenigem Wasser   (ten
Schüz so dein Antliz, und treib mit der Hand den folgsamen Rauch hin. 230
Zweimal treiben sie wichtige Schwärm aus, man erndet auch zweimal,

K 4

Taygete simul os terris ostendit honestum
Plejas, & Oceani spretos pede repulit amnes:
Aut eadem sidus fugiens ubi Piscis aquosi
235 Tristior hibernas caelo descendit in undas.
Illis ira modum supra est, laesaeque venenum
Morsibus inspirant, & spicula caeca relinquunt
Adfixae venis, animasque in vulnere ponunt.
Sin duram metues hiemem, parcesque futurae,
240 Contusosque animos, & res miserabere fractas;
At suffire thymo, cerasque recidere inanes
Quis dubitet? nam saepe favos ignotus adedit
Stellio, & lucifugis congesta cubilia blattis:
Immunisque sedens aliena ad pabula fucus,
245 Aut asper crabro imparibus se immiscuit armis;
Aut dirum, tineae genus, aut invisa Minervae
In foribus laxos suspendit aranea casses.
Quo magis exhaustae fuerint, hoc acrius omnes
Incumbent generis lapsi sarcire ruinas,
250 Complebuntque foros, & floribus horrea texent.
Si vero (quoniam casus apibus quoque nostros
Vita tulit) tristi languebunt corpora morbo,
Quod jam non dubiis poteris cognoscere signis;
Continuo est aegris alius color: horrida vultum
255 Deformat macies: tum corpora luce carentum
Exportant tectis, & tristia funera ducunt:
Aut illae pedibus connexae ad limina pendent,
Aut intus clausis cunctantur in aedibus omnes,
Ignavaeque fame & contracto frigore pigrae.
260 Tum sonus auditur gravior, tractimque susurrant:

Wenn die Plejas Taygete dereinst der Erden das edle
Haupt zeigt, verachtend des Oceans Ströme mit Füßen hinwegstößt;
Oder wenn eben dieselbe der wässerichten Fische Gestirn fleucht
Trauriger dann vom Himmel in Fluthen des Winters hinabsinkt. 235
Aus der Maßen zörnen die Bienen, wenn man sie beleidigt
Hauchen sie Gift in den Stich, es bleibt die verborgene Stachel
In den Adern stecken, sie lassen den Geist in den Wunden.
Wenn du auch harte Winter befürchtest, den Vorrath verschonest,
Dich der zerschlagenen Herzen, des elenden Zustands erbarmest; 240
Mußt du mit Thymus doch räuchern, die leere Waben verschneiden,
Wer versäumt das? denn öfters frißt die verborgene Eidechs
Waben hinweg, und lichtscheuer Zwiefalten häufige Nester,
Und bei fremder Nahrung sitzet die müßige Hummel,
Grimmige Hornüsse mischen sich ein mit ungleichen Waffen: 245
Oder ein grausames Mottengeschlecht, der Minerva verhaste
Spinnen hängen auch wohl in den Thüren das lockere Netz auf.
Ferner, je mehr man die Bienen erschöpft, desto eifriger sorgen
Alle den nahen Verfall des sinkenden Volks zu verbessern,
Denn sie verstopfen die Löcher, und bauen sich Scheuern aus Blumen. 250
Wenn aber (weilen der Lebensgang unsre Beschwerden den Bienen
Auch auflegt) ihre Körper an traurigen Krankheiten leiden,
Welches du bald aus unbezweifelten Zeichen erkennest;
Gleich verändern die Kranken die Farbe: das Ansehn entstellet
Häßliche Magerkeit; auch die Körper der Lichtes beraubten 255
Tragen sie aus dem Haus, und begleiten die traurigen Leichen.
Oder sie hängen zusammengekrümmt mit den Füßen am Flugloch,
Oder sie faullenzen inwendig all' in verschlossenen Häusern,
Und sind verzagt von Hunger, und träge von lähmender Kälte.
Dann wird ein gröberer Ton gehört, sie sumsen nur Stockweis, 260

Frigidus ut quondam filvis immurmurat Aufter:
Ut mare follicitum ftridit refluentibus undis;
Aeftuat ut claufis rapidus fornacibus ignis.
  Hic jam galbaneos fuadebo incendere odores,
265 Mellaque arundineis inferre canalibus, ultro
Hortantem, & feffas ad pabula nota vocantem.
Proderit & tunfum gallae admifcere faporem,
Arentesque rofas, aut igni pinguia multo
Defruta, vel pfythia paffos de vite racemos,
270 Cecropiumque thymum, & grave olentia centaurea.
Eft etiam flos in pratis, cui nomen amello
Fecere agricolae, facilis quaerentibus herba:
Namque uno ingentem tollit de cefpite filvam,
Aureus ipfe: fed in foliis, quae plurima circum
275 Funduntur, violae fublucet purpura nigrae.
Saepe Deum nexis ornatae torquibus arae.
Afper in ore fapor. Tonfis in vallibus illum
Paftores, & curva legunt prope flumina Mellae.
Hujus odorato radices incoque Baccho,
280 Pabulaque in foribus plenis adpone caniftris.
  Sed fi quem proles fubito defecerit omnis,
Nec, genus unde novae ftirpis revocetur, habebit;
Tempus & Arcadii memoranda inventa magiftri
Pandere, quoque modo caefis jam faepe juvencis
285 Infincerus apes tulerit cruor. Altius omnem
Expediam prima repetens ab origine famam.
  Nam qua Pellaei gens fortunata Canopi
Accolit effufo ftagnantem flumine Nilum,
Et circum pictis vehitur fua rura fafelis;

Virgils Georgicon. IV. Buch.

Wie zuweilen der kühle Südwind in Waldungen murmelt;
Wie das gereizte Meer rückwallend in Fluthen einherrauscht,
Wie das schnelleste Feuer tobt in verschlossenen Oefen.
Dann wärs nach meinem Rath nüzlich von Galbanum Rauchwerk zu machen,
Und in Röhrchen von Ried ihnen Honig zu bringen, sie dadurch 265
Aufzumuntern, die matten zur eigenen Nahrung zu locken.
Gut ists Geschmack von gestossenen Gallápfeln unter zu mischen,
Und gedörrte Rosen, auch Most bei heftigem Feuer
Eingekocht, oder auch Strohwein vom Psythischen Weinstock bereitet,
Und Cecropischen Thymus, Centaurien stark von Gerüchen. 270
Dann giebts auch eine Blume in Wiesen, den Namen Amellus
Haben die Bauern ihr beigelegt, man findet sie leichtlich:
Denn sie erhebt aus einer Scholle ein mächtig Gewälde,
Selbst ist sie gölden; aber die Blätter die mehrentheils auswärts
Sie umfliesen, durchschimmert ein Purpur der schwarzen Viole. 275
Blumenkränze von ihr ziern oft der Götter Altäre;
Herb ist im Mund der Geschmack. Die Hirten sammlen dieselbe
In gemäheten Thälern, am schlängelnden Strome des Mella:
Wurzeln von dieser Blume koch in geruchvollem Weine,
Setz ihnen dann dies Futter in vollen Körbchen ans Flugloch. 280
Wenns aber einem auf einmal an aller Zuzucht gebräche,
Und er hätte kein Mittel neue Schwärm zu bekommen,
Dem käms recht des Arcadischen Meisters seltne Erfindung
Zu eröfnen, wie schon öfters geschlachteter Ochsen
Faulendes Blut die Bienen hervorbrachte; doch ich will gründlich 285
Gleich vom ersten Ursprung das ganze Gerüchte erzählen.
Dort wo ein hochbeglücktes Volk am Pelläschen Canopus
Am ergoßnen Gewässer des überschwemmenden Nils wohnt,
Und in bunten Faselen seine Gefilde umschiffet;

290 Quaque pharetratae vicinia Persidis urget,
Et viridem Aegyptum nigra foecundat arena,
Et diversa ruens septem discurrit in ora
Usque coloratis amnis devexus ab Indis:
Omnis in hac certam regio jacit arte salutem.
295 Exiguus primum, atque ipsos contractus ad usus
Eligitur locus. Hunc angustique imbrice tecti,
Parietibusque premunt arctis, & quatuor addunt,
Quatuor a ventis, obliqua luce fenestras.
Tum vitulus, bima curvans jam cornua fronte,
300 Quaeritur: huic geminae nares, & spiritus oris
Multa reluctanti obsuitur, plagisque peremto
Tunsa per integram solvuntur viscera pellem.
Sic positum in clauso linquunt, & ramea costis
Subjiciunt fragmenta, thymum, casiasque recentes.
305 Hoc geritur, Zephyris primum impellentibus undas,
Ante novis rubeant quam prata coloribus, ante
Garrula quam tignis nidum suspendat hirundo.
Interea teneris tepefactus in ossibus humor
Aestuat, & visenda modis animalia miris,
310 Trunca pedum primo: mox & stridentia pennis
Miscentur, tenuemque magis magis aëra carpunt:
Donec, ut aestivis effusus nubibus imber,
Erupere; aut ut, nervo pulsante sagittae,
Prima leves ineunt si quando proelia Parthi.
315 Quis Deus hanc, Musae, quis nobis extudit artem?
Unde nova ingressus hominum experientia cepit?
Pastor Aristaeus fugiens Peneja Tempe,
Amissis (ut fama) apibus morboque fameque,

Und wo der Strom des pfeilreichen Persiens Nachbarschaft dränget, 290
Und das grüne Egypten mit schwarzem Schlamme befeuchtet,
Wo er im Lauf sich in sieben verschiedene Mündungen theilet,
Bis hinauf wo der Fluß von gefärbten Indiern herströmt:
All diesen Ländern verschaft diese Kunst den gewissesten Seegen.
Erst wird ein kleiner Ort erwählt, und zu diesem Geschäfte 295
Eingeschlossen: das enge Dach bedeckt man mit Ziegeln,
Nahe Wände zwängen den Raum ein, dann macht man vier Fenster
Gegen alle vier Winde, dem schiefen Lichtstrahl zum Durchgang.
Nun erwählt man ein Kalb, das schon an der Stirne zwei Hörner
Krümmet, diesem vernäht man die Naslöcher beide, des Mundes 300
Schnauben, so sehr es sich wehrt, und ist es durch Schläge getödet
So zerquetscht man das Eingeweid', ohne die Haut zu verletzen.
Läßt es verschlossen so liegen, und streuet dann unter die Seiten
Kleines Gebüsch', als frische Casien, dann auch den Thymus.
Dieses geschieht, wenn die Westwinde anfangen Wellen zu treiben, 305
Ehe die Wiesen in neuen Farben erröthen, und ehe
An die Dachlatten schwäzige Schwalben die Nester aufhängen.
Unterdessen erhizt sich der laue Saft in den zarten
Knochen, und nun erscheint das wunderbarste Gewürme,
Erst mit verstümmelten Füßen, und bald mit schwirrenden Flügeln 310
Wimmelts, und mehr und mehr erhebt sichs in dünnere Lüfte;
Bis es wie Plazregen aus den Wolken des Sommers gegossen
Ausbricht; oder wie die Pfeile von schnellender Sehne,
Wenn die leichten Parther den Anfang der Schlachten beginnen.
Welcher Gott ihr Musen, welcher erfand uns den Kunstgrif? 315
Und wie bekam diese neue Erfahrung der Menschen den Anlaß?
Als der Hirt Aristäus floh das Peneische Tempe,
Weil er (so sagt man) durch Hunger und Krankheit die Bienen ver-
lohren.

Tristis ad extremi sacrum caput adstitit amnis,
320 Multa querens, atque hac adfatus voce parentem:
Mater Cyrene, mater, quae gurgitis hujus
Ima tenes, quid me praeclara stirpe Deorum,
(Si modo, quem perhibes, pater est Thymbraeus Apollo)
Invisum fatis genuisti? aut quo tibi nostri
325 Pulsus amor? quid me caelum sperare jubebas?
En etiam hunc ipsum vitae mortalis honorem,
Quem mihi vix frugum & pecudum custodia sollers
Omnia tentanti extuderat, te matre, relinquo.
Quin age, & ipsa manu felices erue silvas;
330 Fer stabulis inimicum ignem, atque interfice messes:
Ure sata, & validam in vites molire bipennem;
Tanta meae si te ceperunt taedia laudis.
At mater sonitum thalamo sub fluminis alti
Sensit. Eam circum Milesia vellera Nymphae
335 Carpebant, hyali saturo fucata colore:
Drymoque, Xanthoque, Ligeaque, Phyllidoceque,
Caesariem effusae nitidam per candida colla:
Nesaee, Spioque, Thaliaque, Cymodoceque,
Cydippeque, & flava Lycorias; altera virgo.
340 Altera tum primos Lucinae experta labores;
Clioque & Beroe soror, Oceanitides ambae,
Ambae auro, pictis incinctae pellibus ambae;
Atque Ephyre, atque Opis, & Asia Deiopea,
Et tandem positis velox Arethusa sagittis.
345 Inter quas curam Clymene narrabat inanem
Vulcani, Martisque dolos, & dulcia furta;
Aque Chao densos Divum numerabat amores.

Stand er trauernd am heiligen Haupte, am Ende des Flusses,
Schwer sich beklagend, sprach er zur Zeugerin folgende Worte: 320
Mutter Cyrene, Mutter die du die Tiefe des Strudels
Hier bewohnst, warum hast du aus herrlichem Stamme der Götter,
(Wenn der Apollo von Thymbra nach deinem Geständniß mich zeugte)
Mich dem Schicksal verhasten gebohren? wo ist der Liebe
Trieb zu mir? und warum befahlst du mir Hofnung zum Himmel? 325
Siehe sogar auch diese Ehre des sterblichen Lebens,
Welche mir kaum die thätigste Sorgfalt für Früchte und Heerden
Alles versuchend erzwang, ist hin, und du bist Mutter.
Wohl entwurzle mit eigener Hand die glücklichen Wälder:
Leg an die Ställe ein feindliches Feuer, verwüste die Cruden: 330
Senge die Saaten, und schwing um die Weinstöck die mächtige Streitart;
Wenn dich gegen mein Lob so grosser Eckel angewandelt.
Aber die Mutter vernahm einen Laut im Fluthbett des tiefen
Stromes: um sie saßen Nymphen, Milesische Wolle
Zupften sie, welche mit satter seegrüner Farbe gefärbt war: 335.
Nämlich die Drymo, die Xantho, Ligea und Phyllodoce,
Glänzendes Haupthaar floß um ihre schneeweiße Schultern:
Dann die Nesäe, die Spio, Thalia, und Cymodoce,
Auch die Cydippe, die blonde Lycorias; eine noch Jungfrau,
Aber die andre hatte schon einmal Kindbett gehalten: 340
Ferner die Clio, die Beroe, beide des Oceans Kinder,
Beide waren mit Gold, mit bunten Fellen umgürtet;
Dann Ephyre, Opis, und Asiens Deiopeja;
Endlich auch Arethusa die flücht'ge, die Pfeile zur Seiten.
Unter diesen erzählte so eben Clymene des Vulkans 345
Eitle Mühe, die Ränke des Mars, und sein süßes Genäsche:
Häufige Götter Romanen von Chaos Zeiten bis daher.

Carmine quo captae, dum fusis mollia pensa
Devolvunt, iterum maternas impulit aures
350 Luctus Aristaei, vitreisque sedilibus omnes
Obstupere: sed ante alias Arethusa sorores
Prospiciens, summa flavum caput extulit unda.
Et procul: O gemitu non frustra exterrita tanto,
Cyrene soror; ipse tibi tua maxima cura
355 Tristis Aristaeus Penei genitoris ad undam
Stat lacrimans, & te crudelem nomine dicit.
Huic percussa nova mentem formidine mater,
Duc, age, duc ad nos; fas illi limina Divum
Tangere, ait: simul alta jubet discedere late
360 Flumina, qua juvenis gressus inferret. At illum
Curvata in montis faciem circumstetit unda,
Accepitque sinu vasto, misitque sub amnem.
Jamque domum mirans genetricis, & humida regna,
Speluncisque lacus clausos, lucosque sonantes,
365 Ibat, & ingenti motu stupefactus aquarum,
Omnia sub magna labentia flumina terra
Spectabat diversa locis, Phasimque, Lycumque,
Et caput, unde altus primum se erumpit Enipeus,
Unde pater Tiberinus, & unde Aniena fluenta,
370 Saxosumque sonans Hypanis, Mysusque Caicus,
Et gemina auratus taurino cornua vultu
Eridanus: quo non alius per pinguia culta
In mare purpureum violentior effluit amnis.
Postquam est in thalami pendentia pumice tecta
375 Perventum, & nati fletus cognovit inanes
Cyrene; manibus liquidos dant ordine fontes

In die Geschichte vertieft, indem sie das schmeidige Tagwerk
Spindeln aufwanden; traf noch einmal die Ohren der Mutter
Jene Klag' des Aristäus, auf den kristallenen Sitzen   350
Stannten alle: doch Arethusa schaute für allen
Schwestern empor, sie hob ihr blondes Haupt aus den Wellen,
Rief von ferne: O Schwester Cyrene, du bist nicht vergebens
Durch so viel Klagen erschrocken; es trift deine gröseste Sorgen,
Selbst Aristäus trauert am Strom des Erzeugers Peneus,   355
Steht und weint, er heißt dich grausam und nennt dich mit Namen.
Neuer Schrecken durchbohrte das Herz der Mutter, sie sagte,
Führ ihn hurtig, führ ihn zu uns; die Schwellen der Götter
Darf er betretten: und damit befahl sie den tiefesten Fluthen
Weit von einander zu weichen, dem Jüngling zum Eingang: und um ihn
Stand das Gewässer gebogen herum, es erschien wie Gebirge   361
Nahm ihn im weiten Schlund auf, und sandte ihn unter dem Fluß hin.
Nun den Pallast, das nasse Gebiet der Erzeugerin, Seen
Eingeschlossen in Höhlen, und hallende Haine bewundernd,
Gieng er einher, und bestürzt von der schrecklichen Regung der Wasser, 365
Sah' er unter der großen Erden alle Gewässer
Aus verschiedenen Oertern strömen, den Phasis, den Lycus,
Dann die Quelle aus welcher zuerst der Enipeus hervorbricht,
Wo der Tiberische Vater, des Anions Fluß, des Hypamis
Steinichtes Rauschen, und wo der Caicus Mysiens quillet,   370
Auch der Eridan mit dem Ochsengesichte, die beiden
Hörner vergoldet; reissender strömt durch fette Gefilde.
Nirgends ein anderer Fluß in die Wellen des purpurnen Meeres.
Als er bis unter des Ruhplazes hängendes Dachwerk von Binsstein
Fortgewandelt; Cyrene die eitele Klagen des Sohnes   375
Angehört; gossen die Schwestern der Reihe nach lautere Quelle

Germanae, tonsisque ferunt mantelia villis.
Pars epulis onerant menses, & plena reponunt
Pocula. Panchaeis adolescunt ignibus arae.
380 Et mater, cape Maeonii carchesia Bacchi:
Oceano libemus, ait. Simul ipsa precatur
Oceanumque patrem rerum, Nymphasque sorores,
Centum quae silvas, centum quae flumina servant.
Ter liquido ardentem perfudit nectare Vestam:
385 Ter flamma ad summum tecti subjecta reluxit.
Omine quo firmans animum, sic incipit ipsa:
Est in Carpathio Neptuni gurgite vates
Caeruleus Proteus, magnum qui piscibus aequor,
Et juncto bipedum curru metitur equorum.
390 Ilic nunc Emathiae portus patriamque revisit
Pallenen. Hunc & Nymphae veneramur, & ipse
Grandaevus Nereus. Novit namque omnia vates,
Quae sint, quae fuerint, quae mox ventura trahantur.
Quippe ita Neptuno visum est: immania cujus
395 Armenta, & turpes pascit sub gurgite phocas.
Hic tibi, nate, prius vinclis capiendus, ut omnem
Expediat morbi caussam, eventusque secundet.
Nam sine vi non ulla dabit praecepta, neque illum
Orando flectes, vim duram & vincula capto
400 Tende. Doli circum haec demum frangentur inanes.
Ipsa ego te, medios quum sol accenderit aestus,
Quum sitiunt herbae, & pecori jam gratior umbra est,
In secreta senis ducam, quo fessus ab undis
Se recipit; facile ut somno adgrediare jacentem.
405 Verum ubi correptum manibus, vinclisque tenebis;

Virgils Georgicon. IV. Buch.

Auf seine Hände, und trugen geschorne Tücher zum Trocknen.
Andre belasteten Tische mit Speisen, und brachten gefüllte
Becher. Man weckte auf den Altären Panchäisches Feuer.
Nun jezt, sprach nun die Mutter, die Schalen Mäonischen Weines; 380
Daß wir dem Ocean opfern, nun fienge sie selbst an zu bitten
Erst zum Altvater Ocean, dann zu den Schwestern den Nymphen,
Deren hundert die Wälder, und hundert die Flüsse bewahren.
Dreimal begoß sie das Opferfeuer mit lauterem Nektar;
Dreimal glänzte die leckende Flamm am Gewölbe zurücke. 385
Durch dies Zeichen im Geiste gestärkt begann sie nun also:
Dort ist ein Wahrsager, dort im Schlund des Carpathischen Meeres
Proteus der blaue, welcher den Wagen mit Pferden, die vorne
Zweifüßig, hinten Fisch sind, bespannt das Weltmeer durchfähret.
Dieser besucht jezt Emathiens Häfen, die Heimath Pallene 390
Wieder: und diesen verehren wir Nymphen hoch, und selbsten
Jener uralte Nereus: denn er weiß alles der Seher,
Alles was ist, was war, und was in der Zukunft geschehn wird.
Denn so war es der Will des Neptuns: dessen schreckliche Heerden
Und dessen scheußliche Meerkälber unter dem Strudel er weidet. 395
Diesen mein Sohn, mußt du erst mit Fesseln binden, daß jede
Ursach des Unglücks er sage, den glücklichen Ausgang beförder.
Denn er giebt keine Weissagung ohne Gewalt, du bewegst ihn
Nicht durch Flehn: den Gefangenen mußt du durch Strenge und Fesseln
Zähmen; denn dadurch wird endlich sein nichtiges Blendwerk gebändigt.
Wenn die Sonne die Hize des Mittags entzündet, die Kräuter 401
Lechzen, den Heerden der Schatten jezt süß ist, so führ ich dich selbsten
In des Alten Schlupfwinkel hin, wo er müd aus den Wellen
Sich zur Ruh legt; da kannst du leichtlich im Schlaf ihn greifen,
Wenn du ihn aber ergriffen mit Händen und Banden ihn festhältst; 405

Tum variae eludent species, atque ora ferarum.
Fiet enim subito sus horridus, atraque tigris,
Squamosusque draco, & fulva cervice leaena:
Aut acrem flammae sonitum dabit, atque ita vinclis
410 Excidet, aut in aquas tenues dilapsus abibit.
Sed quanto ille magis formas se vertet in omnes,
Tanto, nate, magis contende tenacia vincla:
Donec talis erit mutato corpore, qualem
Videris, incepto tegeret quum lumina somno.
415 Haec ait, & liquidum ambrosiae diffundit odorem:
Quo totum nati corpus perduxit. At illi
Dulcis compositis spiravit crinibus aura,
Atque habilis membris venit vigor. Est specus ingens
Exesi latere in montis, quo plurima vento
420 Cogitur, inque sinus scindit sese unda reductos;
Deprensis olim statio tutissima nautis.
Intus se vasti Proteus tegit objice saxi.
Hic juvenem in latebris aversum a lumine Nympha
Collocat: ipsa procul nebulis obscura resistit.
425 Jam rapidus torrens sitientes Sirius Indos
Ardebat; caelo & medium sol ignous orbem
Hauserat. Arebant herbae, & cava flumina siccis
Faucibus ad limum radii tepefacta coquebant:
Quum Proteus consueta petens e fluctibus antra
430 Ibat. Eum vasti circum gens humida ponti
Exsultans rorem late dispersit amarum.
Sternunt se somno diversae in littore phocae.
Ipse, velut stabili custos in montibus olim,
Vesper ubi e pastu vitulos ad tecta reducit,

Wird er durch mancherlei Blendwerk und Thiergestalten dich täuschen.
Plözlich wird er zum borstigen Schwein, zum furchtbaren Tiger,
Dann zum schuppichten Drachen, zur Löwin mit rothgelbem Halse:
Oder er macht ein knitterndes Prasseln der Flamm' um den Banden
Zu entwischen, in dünnes Wasser zerfließend entweicht er. 410
Aber je mehr er das Wandeln in alle Gestalten beginnet,
Destomehr trachte mein Sohn die jähen Bande zu schnüren;
Bis er durch Wandeln des Körpers das wiedrum ist was er ehmals
War, als der kommende Schlaf ihm Anfangs die Augen verschloße.
Dieses sprach sie, und goß nun linde Ambrosische Düfte 415
Ueber ihn hin; die den ganzen Körper des Sohnes durchströmten:
Süße Lüfte dufteten ihm aus dem lockichten Haupthaar,
Und eine Schnellkraft durchdrung seinen Leib: Eine schreckliche Höhle
Liegt an dem Fuß eines löchrichten Berges, wohin viel Gewässer
Durch den Wind getrieben, in krümmende Busen sich spaltet. 420
Ehmals der sicherste Hafen vom Sturm überfallener Schiffer,
Drinnen verbirgt sich Proteus im Schuz eines mächtigen Felsen.
Hier versteckte die Nymphe den Jüngling vom Lichte entfernet
In einen Winkel: sie selbst stand von ferne in Nebel gehüllet.
Schon versengte die lechzenden Indier der brennende schnelle 425
Sirius, die glühende Sonn hatte schon des himmlischen Kreises
Hälfte durchwandelt: es welkten die Kräuter, und hohle Flüße
Kochten im trockenen Schlund bis zum Schlam erwärmt in den Strahlen;
Als aus den Fluthen Proteus zurückkam zu seinen gewohnten
Höhlen: und um ihn hüpften die feuchten Völker des weiten 430
Meers, sie verbreiteten weit um sich her ein bitteres Thauen.
Meerkälber warfen am Strande sich hie und dahin zu schlafen.
Er gleich dem Hüter des Stalls der sonst auf dem Hügel sich aufhält,
Wenn der Abend die Kälber vom weiden zur Wohnung zurück führt,

ℓ

435 Auditisque lupos acuunt balatibus agni,
Confidit scopulo medius, numerumque recenset:
Cujus Aristaeo quoniam est oblata facultas,
Vix defessa s.nem passus componere membra,
Cum clamore ruit magno, manicisque jacentem
440 Occupat. Ille suae contra non immemor artis,
Omnia transformat sese in miracula rerum,
Ignemque, horribilemque feram, fluviumque liquentem.
Verum, ubi nulla fugam reperit pellacia, victus
In sese redit, atque hominis tandem ore locutus:
445 Nam quis te, juvenum confidentissime, nostras
Jussit adire domos? quidve hinc petis? inquit. At ille:
Scis, Proteu, scis ipse: neque est te fallere cuiquam.
Sed tu desine velle. Deum praecepta secuti
Venimus hinc lapsis quaesitum oracula rebus.
450 Tantum effatus. Ad haec vates vi denique multa
Ardentes oculos intorsit lumine glauco,
Et graviter frendens, sic fatis ora resolvit:
Non te nullius exercent numinis irae.
Magna luis commissa: tibi has miserabilis Orpheus
455 Haud quaquam ob meritum poenas, ni fata resistant,
Suscitat; & rapta graviter pro conjuge saevit.
Illa quidem, dum te fugeret per flumina praeceps,
Immanem ante pedes hydrum moritura puella
Servantem ripas alta non vidit in herba.
460 At chorus aequalis Dryadum clamore supremos
Implerunt montes: flerunt Rhodopejae arces,
Altaque Pangaea; & Rhesi Mavortia tellus,
Atque Getae, atque Hebrus, & Actias Orithyia.

Und die Lämmer durch Blöcken die Wölfe zum Aufhorchen reizen, 435
Saß auf dem Gipfel der Klippe die Zahl der Heerde zu mustern.
Da dem Aristäus nun sich die schönste Gelegenheit darbot;
Ließ er dem Alten kaum Zeit die ermüdeten Glieder zu strecken,
Er überfiel ihn mit grosem Geschrei, und band ihn mit Fesseln
Wie er da lage. Dieser dagegen vergaß seine Kunst nicht, 440
Denn er verwandelte sich in allerhand Wundergestalten,
Bald war er Glut, dann ein Ungeheuer, dann fließendes Wasser.
Da er aber durch keine List zu entwischen vermochte,
Gab er sich endlich gefangen, und sprach in Gestalt eines Menschen:
Kühnster der Jünglinge, wer befahl dir zu unserer Wohnung 445
Zutritt zu suchen? was willst du hier? und jener versezte:
Proteus du weißt es selbst, denn niemand kann dich betrügen,
Höre du auf es zu wollen: der Götter Befehle gehorchend
Komm ich hieher wegen sinkendem Glück ein Orakel zu suchen.
Dieses gesagt; verdrehte der Seher durch mächtige Kräfte 450
Endlich bezwungen die glühende Augen mit graulichtem Schimmer,
Fürchterlich knirschend, löste er also zum Ausspruch die Zunge:
Ganz gewiß verfolgt dich der rächende Zorn einer Gottheit,
Grose Verbrechen büßest du: Orpheus gewiß nicht durch eigne
Schuld so elend erweckt dir die Strafe, wenn es das Schicksal 455
Zuläßt; denn um die geraubte Gattin tobt' er erschrecklich.
Dieses Mädchen dem Tod nah, als sie schleunig den Fluß hin
Dir entflohe, sah im hohen Gras vor den Füßen
Nicht die gräuliche Wasserschlang, welche am Ufer sich aufhielt.
Und der einmüthige Chor der Dryaden erfüllte die höchsten 460
Berge mit Schreien: es weinten die Rhodopäischen Gipfel,
Auch der hohe Pangäa, des Rhesus kriegrische Landschaft
Und die Geten, der Hebrus, auch Athens Orithyia.

Ipse cava solans aegrum testudine amorem,
465 Te, dulcis conjux, te solo in littore secum,
Te veniente die, te decedente canebat.
Taenarias etiam fauces, alta ostia Ditis,
Et caligantem nigra formidine lucum
Ingressus, Manesque adiit, regemque tremendum,
470 Nesciaque humanis precibus mansuescere corda.
At cantu commotae Erebi de sedibus imis
Umbrae ibant tenues, simulacraque luce carentum:
Quam multa in foliis avium se millia condunt,
Vesper ubi, aut hibernus agit de montibus imber:
475 Matres, atque viri, defunctaque corpora vita
Magnanimum heroum, pueri, innuptaeque puellae,
Impositique rogis juvenes ante ora parentum,
Quos circum limus niger, & deformis arundo
Cocyti, tardaque palus inamabilis unda
480 Alligat, & novies Styx interfusa coërcet.
Quin ipsae stupuere domus, atque intima Lethi
Tartara, caeruleosque implexae crinibus angues
Eumenides, tenuitque inhians tria Cerberus ora,
Atque Ixionii vento rota constitit orbis.
485 Jamque pedem referens casus evaserat omnes,
Redditaque Eurydice superas veniebat ad auras,
Pone sequens; namque hanc dederat Proserpina legem,
Quum subita incautum dementia cepit amantem,
Ignoscenda quidem, scirent si ignoscere Manes.
490 Restitit, Eurydicenque suam jam luce sub ipsa
Immemor, heu! victusque animi respexit. Ibi omnis
Effusus labor, atque immitis rupta tyranni

Orpheus besang die gekränkte Lieb auf der bauchichten Schildkröt'.
Dich o süßes Weibchen, allein am einsamen Ufer, 465
Dich besang er mit kommendem Tage, und wenn er dahin sank.
Endlich gieng er auch hin zum Tänarischen Schlund, zu den hohen
Thoren des Plutons, zum Wald von schwarzen Schreckbildern dunkel,
Hin zu verstorbenen Geistern, zum furchtbaren König des Schreckens,
Und zu Gemüthern welche das Flehen der Menschen nicht weich macht. 470
Durch den Gesang gerührt entstiegen des Erebus tiefsten
Sitzen die dunstige Schatten, Gestalten der Lichtes beraubten:
Eben so wie sich viel tausend Vögel im Laube verbergen,
Wenn vom Geblrg sie der Abend oder ein Sturmregen jaget.
Mütter und Männer, das Erde-Leben vollendete Körper 475
Edelmüthiger Helden, Knaben und ledige Mädchen,
Jünglinge die man den Eltern vor Augen auf Holzstöße legte,
Welche der schwarze Schlamm, des Cocytus häßliches Schilfrohr,
Und die langsame Welle des widerwärtigen Sumpfes
An ihrem Ort hält, der Styr mit neunfachem Kreise umschlinget. 480
Selbst die Häuser des Todes, die innerste Hölle erstaunte,
Und die Cumeniden die Haare mit bläulichten Schlangen
Eingeflochten, und Cerberus hielte das dreifache Maul auf.
Auch das Rad stand still im Winde von Irions Umschwung.
Schon war sein Fuß auf dem Rückweg und allen Gefahren entgangen 485
Und die erlangte Eurydice kam zu den oberen Lüften,
Hinter ihm her, so war der Befehl, den Proserpina gabe:
Als ein plötzlicher Wahnsinn den thörichten Liebhaber anstieß.
Zwar ein verzeihlicher Fehler, wenn Manen nur könnten verzeihen:
Denn er stand und schaute gedankenlos nahe am Lichte, 490
Nach der Eurydice um, denn ach sein Herz überwand ihn.
Hier zerrann alle Müh und des wilden Tyrannen gebrochner

Foedera, terque fragor ſtagnis auditus Avernis.
Illa, quis & me, inquit, miſeram, & te perdidit, Orpheu?
495 Quis tantus furor? en iterum crudelia retro
Fata vocant, conditque natantia lumina ſomnus.
Jamque vale. Feror ingenti circumdata noɑe,
Invalidasque tibi tendens, heu non tua, palmas!
Dixit, & ex oculis ſubito, ceu fumus in auras
500 Commixtus tenues, fugit diverſa; neque illum,
Prenſantem nequicquam umbras, & multa volentem
Dicere, praeterea vidit: nec portitor Orci
Amplius objeɑam paſſus tranſire paludem.
Quid faceret? quo ſe rapta bis conjuge ferret?
505 Quo fletu Manes, qua Numina voce moveret?
Illa quidem Stygia nabat jam frigida cymba.
Septem illum totos perhibent ex ordine menſes
Rupe ſub aëria deſerti ad Strymonis undam
Fleviſſe, & gelidis haec evoluiſſe ſub antris,
510 Mulcentem tigres, & agentem carmine quercus.
Qualis populea moerens Philomela ſub umbra
Amiſſos queritur foetus; quos durus arator
Obſervans nido implumes detraxit: at illa
Flet noɑem, ramoque ſedens miſerabile carmen
515 Integrat, & moeſtis late loca queſtibus implet.
Nulla Venus, non ulli animum flexere hymenaei.
Solus Hyperboreas glacies, Tanaimque nivalem,
Arvaque Rhipaeis nunquam viduata pruinis
Luſtrabat, raptam Eurydicen, atque irrita Ditis
520 Dona querens. Spretae Ciconum quo munere matres,
Inter ſacra Deum, noɑurnique orgia Bacchi,

Bund, und man hört in Avernischen Seen ein dreifaches Krachen.
Wer stürzt mich Elende, sprach sie, und dich mein Orpheus ins Unglück?
Wer ist so wütend? Siehe des Schicksals Grausamkeit ruft mich 495
Wieder zurück, ein Schlummer verschließt die thränende Augen.
Jezt leb wohl: ich fahr hin mit grausenden Nächten umgeben,
Reich dir ohnmächtige Hände, wehe mir nicht mehr die deinen!
Dieses gesagt, verschwand sie schnell aus den Augen wie Dämpfe
Wenn sie mit dünnen Lüften vermischt zerinnen: sie sah ihn 500
Wie er vergeblich nach Schatten haschte, und wie er so vieles
Wünschte zu sagen, niemals wieder: der Pförtner des Orcus
Ließ auch nicht ferner über die trennenden Sümpfe ihn gehen.
Was sollt' er thun? wo bleiben nach zweimal geraubter Gemahlin?
Durch welche Klagen die Manen und Stimme die Götter bewegen? 505
Sie aber schon erkaltet schwamm auf dem Stygischen Kahne.
Sieben ganzer Monathe nach einander, so sagt man,
Hab er im luftigen Fels an des wüsten Strymons Gewässer
Sie beweint, die Geschichte in kalten Höhlen erzählet:
Sein Gesang besänftigte Tiger, bewegte die Eichen. 510
So wie die trauernde Nachtigall unter dem Schatten der Espe
Ihre verlohrne Jungen beklagt; die der grausame Pflüger
Als er sie fand, noch nicht flück dem Neste entnahm: aber jene
Weint die Nacht durch, sie sizt auf dem Zweige, das traurige Klaglied
Fängt sie aufs neu an, und füllt so die Ferne mit kläglichem Jamer. 515
Keine Liebe, kein Gott der Hochzeit bewegte das Herz ihm.
Sondern das Hyperbordische Eis, den beschneiten Tanais,
Fluren Riphäens die niemals des Reifes beraubt sind, durchstrich er
Einsam, seine geraubte Eurydice, Plutons verlohrne
Gaben beklagend; durch dieses Betragen verschmähet, zerrissen 520
Ihn die Ciconischen Mütter während dem Opfer, des Bacchus

Discerptum latos juvenem sparsere per agros.
Tum quoque marmorea caput a cervice revulsum,
Gurgite quum medio portans Oeagrius Hebrus
525 Volveret, Eurydicen vox ipsa & frigida lingua,
Ah miseram Eurydicen! anima fugiente vocabat:
Eurydicen toto referebant flumine ripae.
  Haec Proteus: & se jactu dedit aequor in altum.
Quaque dedit, spumantem undam sub vertice torsit.
530 At non Cyrene: namque ultro adfata timentem:
Nate, licet tristes animo deponere curas.
Haec omnis morbi caussa: hinc miserabile Nymphae,
Cum quibus illa choros lucis agitabat in altis,
Exitium misere apibus. Tu munera supplex
535 Tende petens pacem, & faciles venerare Napaeas.
Namque dabunt veniam votis, irasque remittent.
Sed, modus orandi qui sit, prius ordine dicam.
Quatuor eximios praestanti corpore tauros,
Qui tibi nunc viridis depascunt summa Lycaei,
540 Delige, & intacta totidem cervice juvencas.
  Quatuor his aras alta ad delubra Dearum
Constitue, & sacrum jugulis demitte cruorem:
Corporaque ipsa boum frondoso desere luco.
Post, ubi nona suos aurora ostenderit ortus,
545 Inferias Orphei laethea papavera mittes,
Placatam Eurydicen vitula venerabere caesa,
Et nigram mactabis ovem, lucumque revises.
  Haud mora: continuo matris praecepta facessit:
Ad delubra venit; monstratas excitat aras;
550 Quatuor eximios praestanti corpore tauros

Nächtlichem Toben, sie streuten die Glieder des Jünglings ins Feld hin.
Als sich sein Haupt nun vom marmornen Halse gerissen in Fluthen
Mitten auf dem Oeagrischen Hebrus dahin schwimmend wälzte,
Rifse noch immer Eurydice seine erkaltete Zunge, 525
Ach du arme Eurydice rief er mit schwindender Seele:
Alle Ufer des Flusses hallten Eurydice wieder.
So sprach Proteus, und stürzte sich hin ins tiefe Gewässer:
Wie er sich stürzte, dreht' er die schäumende Wellen im Wirbel.
Aber nicht so Cyrene: dem furchtsamen riethe sie ferner: 530
Sohn du darfst nun die traurigen Sorgen des Herzens entfernen.
Dies ist die ganze Ursach der Noth: darum sandten die Nymphen
Welche mit jener den Reihen in hohen Lustwäldern schlossen,
Diesen erbärmlichen Ausgang den Bienen. Nun bring du Geschenke,
Bitt' demüthig um Frieden, verehre die guten Napäen. 535
Denn sie werden die Wünsche gewähren, die Rache vergessen.
Aber die Art sie zu bitten muß ich erst ordentlich sagen.
Vier auserlesene Stiere von ganz vortreflichen Körpern,
Welche dir jetzt die Gipfel des grünen Lycäus beweiden,
Wähle dir aus, und auch so viel Küh', deren Hals noch kein Joch trug. 540
Bau ihnen dann auch vier Altär' bei der Göttinnen hohen
Tempeln, und laß das heilige Blut den Kehlen entfließen:
Aber die Körper der Rinder laß liegen im laubichten Haine.
Wenn hernach Aurora neunmal den Morgen gezeigt hat;
Bringe betäubenden Mohn der Seele des Orpheus zum Opfer, 545
Auch die versöhnte Eurydice ehr mit getödetem Kalbe,
Schlachte ihr auch ein schwarzes Schaaf, und geh dann zum Haine.
Ohne Verzug: alsbald befolgt er die Lehren der Mutter:
Kam zu den Tempeln und baute die vorgeschriebnen Altäre.
Vier auserlesene Stiere von ganz vortreflichen Körpern 550

Ducit, & intacta totidem cervice juvencas.
Post, ubi nona suos aurora induxerat ortus,
Inferias Orphei mittit, lucumque revisit.
Hic vero subitum, ac dictu mirabile monstrum
555 Adspiciunt, liquefacta boum per viscera toto
Stridere apes utero, & ruptis effervere costis;
Immensasque trahi nubes: jamque arbore summa
Confluere, & lentis uvam demittere ramis.
  Haec super arvorum cultu pecorumque canebam,
560 Et super arboribus: Caesar dum magnus ad altum
Fulminat Euphratem bello, victorque volentes
Per populos dat jura, viamque adfectat Olympo.
Illo Virgilium me tempore dulcis alebat
Parthenope, studiis florentem ignobilis oti:
565 Carmina qui lusi pastorum, audaxque juventa,
Tityre, te patulae cecini sub tegmine fagi.

Bracht er, auch so viel Küh deren Hals noch niemals ein Joch trug.
Als nun Aurora neunmal den Morgen herauf geführt hatte,
Bracht er dem Orpheus sein Todenopfer, und gieng nun zum Wald hin.
Hier aber sah man ein plözliches seltsam zu sagendes Wunder,
In den zerflossenen Eingeweiden des Vieh's durch die ganze 555
Höhlung schwirrten Bienen, sie quollen aus berstenden Seiten;
Zogen wie unermeßliche Wolken, am Gipfel des Baumes
Floßen sie traubenähnlich an jähen Zweigen zusammen.
So besang ich der Fluren Wirthschaft, die Wirthschaft der Heerden,
Eben so auch der Bäume: als Cäsar der Grose am hohen 560
Euphrat blizte im Krieg, als Sieger den willigen Völkern
Rechte ertheilte, den Weg zum Olymp zu ersteigen sich mühte.
Mich den Virgil ernährte zu eben den Zeiten das süße
Parthenope, ich blüht' in der Studien unachtbaren Muse:
Sang Gedichte von Hirten, und kühn genug in der Jugend 565
Sang ich Titprus dich im Schirm der verbreiteten Buche.